insel taschenbuch 2589
Lewis Carroll
Tagebuch einer Reise nach Rußland im Jahr 1867

W0417031

Am 12. Juli 1867 trat der Oxforder Mathematikdozent Charles Lutwidge Dodgson (1832-1898) – unter dem Pseudonym Lewis Carroll der Schöpfer der weltbekannten Kinderbücher *Alice im Wunderland* und *Alice hinter den Spiegeln* – zusammen mit einem geistlichen Freund eine zweimonatige Reise an, die ihn über Belgien und quer durch Deutschland ins russische Zarenreich führte. Ein Engländer wie aus dem Bilderbuch: verschroben, geistreich und überreich ausgestattet mit der Gabe der Ironie. Von solchen Tugenden und leidenschaftlicher Wahrnehmungslust zeugt das Tagebuch dieser einzigen größeren Unternehmung im Leben des Gelehrten. Ebenso wie der Architektur, den Gemäldegalerien und dem Theater gilt sein Interesse dem Alltagsleben in der Fremde: Was kommt im Restaurant auf den Tisch? Wie verständigt man sich mit russischen Kutschern und deutschen Kellnern? Welche Spiele spielen die Kinder? Was liegt in den Schaufenstern? So ist Lewis Carrolls »Sommerferienheft« weit mehr als ein touristisches Tagebuch: ein Stück Kulturanthropologie nämlich, in dem der fremdartige Zauber des alten Rußland ebenso eingefangen ist wie die Lebenswelt im Deutschland von vor 130 Jahren.

Lewis Carroll

Tagebuch einer Reise nach Rußland im Jahr 1867

Aus dem Englischen
von Eleonore Frey
Herausgegeben
von Felix Philipp Ingold

Insel Verlag

insel taschenbuch 2589
Erste Auflage 2000
Insel Verlag Frankfurt am Main und Leipzig
© 1997 edition tertium, Ostfildern
Alle Rechte vorbehalten,
insbesondere das des öffentlichen Vortrags
sowie der Übertragung durch Rundfunk und Fernsehen,
auch einzelner Teile.
Kein Teil des Werkes darf in irgendeiner Form
(durch Fotografie, Mikrofilm oder andere Verfahren)
ohne schriftliche Genehmigung des Verlages
reproduziert oder unter Verwendung elektronischer Systeme
verarbeitet, vervielfältigt oder verbreitet werden.
Hinweise zu dieser Ausgabe am Schluß des Bandes
Vertrieb durch den Suhrkamp Taschenbuch Verlag
Umschlag nach Entwürfen von Willy Fleckhaus
Druck: Nomos Verlagsgesellschaft, Baden-Baden
Printed in Germany

1 2 3 4 5 6 – 05 04 03 02 01 00

Tagebuch einer Reise nach Rußland im Jahre 1867

12. JULI (FR.) Der Sultan und ich kamen beinahe gleichzeitig in London an, aber in verschiedenen Quartieren – *ich* in Paddington und *er* in Charing Cross: Ich muß zugeben, daß am zweiten Ort das Gedränge am größten war. Ein drittes Zentrum des Interesses war Mansion House, wo das Belgische Freiwilligenkorps zu Gast war und von dem aus ungefähr um 6 ein beharrlicher Strom von Omnibussen, mit Helden beladen, nach Osten zog. Das verzögerte meine Einkäufe beträchtlich, und ich konnte nicht vor 8.30 von Charing Cross nach Dover aufbrechen, und als ich im »Lord Warden« ankam, war Liddon schon dort.

13. JULI (SA.) Wir frühstückten wie vereinbart um 8 – oder wir setzten uns wenigstens um diese Zeit hin und knabberten Brot mit Butter, bis die Koteletts endlich fertig sein würden, welches große Ereignis ungefähr um ½9 eintrat. Wir versuchten es mit Mitleid heischenden Klagen bei den herumlungernden Kellnern, und diese sagten darauf in besänftigendem Ton: »Sie kommen gleich, mein Herr.« Und wir versuchten strengen Tadel, und sie sagten darauf in einem eher beleidigten Ton: »Sie kommen gleich, mein Herr.« Und nach all diesen Mahnungen verzogen sie sich in ihre Höhlen und versteckten sich hinter der Anrichte und hinter Plattenwärmern, und die Koteletts kamen noch immer nicht. Wir waren uns einig, daß von all den Tugenden, die ein Kellner zur Schau stellen kann, die der Zurückhaltung die weitaus am wenigsten wünschbare ist. Dann machte ich 2 großartige Vorschläge, beide abgelehnt schon

bei der ersten Lesung – erstens, daß wir vom Tisch aufstehen und uns weigern sollten, für die Koteletts zu bezahlen, und zweitens, daß ich den Besitzer ausfindig machen und mich förmlich über alle Kellner beschweren sollte, was sicher, wenn nicht die Koteletts, so doch einen allgemeinen Aufruhr herbeigeführt hätte.

Immerhin waren wir um 9 an Bord, und nachdem 2 Züge sich ins Schiff entleert hatten und auf Deck eine sehr gelungene Imitation der Großen Pyramide errichtet worden war, zu welch interessantem Werk wir mit Stolz 2 Koffer beitrugen, lichteten wir den Anker. Meine Feder weigert sich, die Leiden zu beschreiben, die einige Passagiere während unserer sanften Überfahrt von 90 Minuten durchstanden; meine eigenen Empfindungen – nicht *dafür* habe ich mein Geld bezahlt! Es regnete heftig fast den ganzen Weg, wobei uns unsere private Kabine (die zu mieten wir verschwenderisch genug waren) ein großer Trost war, wir waren unter Dach und doch luftig untergebracht, da sie auf dem Deck lag. Wir landeten in Calais im üblichen Schwarm freundlicher Einheimischer, die uns Dienstleistungen und Ratschläge aller Art anboten. *Alle* diese Anerbieten erledigte ich mit der einfachen Antwort »Non!« Es war vielleicht nicht in allen Fällen genau das richtige, aber es erfüllte den Zweck, sie loszuwerden; einer nach dem andern gingen sie weg, das »Nein« nachplappernd in verschiedenen, aber durchweg Verachtung zum Ausdruck bringenden Tonarten. Nachdem Liddon sich um das Gepäck gekümmert hatte etc., schauten wir uns auf dem Marktplatz um, der vor lauter Frauenhauben ganz weiß war und voll von ihrem schrillen Geschwätz …

Die Reise nach Brüssel war eintönig und langweilig; der Turm von St. Omer und die Kathedrale von Tournay mit ihren fünf Türmen waren so ziemlich die einzigen bemerkenswerten Bauten auf unserem Weg. Von Lille bis Tournay waren wir in der Gesellschaft einer Familienpartie; die 2 Kinder waren ungefähr 6 und 4, und das jüngere hörte den ganzen Weg kaum einen Augenblick zu schwatzen auf. Ich machte eine Zeichnung von dem kleinen Geschöpf, die von der Familie begutachtet und vom Original freimütig (und ich glaube freundlich) kritisiert wurde. Es wurde noch einmal zu uns herübergeschickt von seiner Mutter, als wir ausstiegen, um uns »Bon soir« zu wünschen und sich küssen zu lassen …

An der belgischen Grenze in Blandain wurde unser Gepäck ausgeladen, durchsucht – oder eher flüchtig inspiziert – und wieder eingeladen: kostenlos, die erste Untersuchung ohne Gebühr, die ich erlebt habe.

Von dort nach Brüssel mit deutschen Reisegefährten. Das auffallendste Merkmal der Landschaft war die Art, in der die Bäume gepflanzt waren, meilenlang in geraden Linien. Weil sie sich im allgemeinen alle in eine Richtung neigten, kamen sie mir vor wie lange Reihen müder Soldaten, die dahin und dorthin über die Ebene marschieren: einige waren im Quadrat angeordnet, andere standen in Habtachtstellung, aber die meisten schleppten sich verzweifelt weiter, gebückt wie unter dem Gewicht von gespenstischen Rucksäcken.

In Brüssel stiegen wir im »Hôtel Bellevue« ab, und nach einem kleinen Dinner, »très simple« und darum auch nur aus sieben Gängen bestehend, gingen wir aus, um uns umzusehen. Da wir im öffentlichen Park Musik hörten, gingen wir hinein: Wir saßen dort eine Stunde oder länger und hörten uns großartige Orchestermusik an, wie mit Zungenregister, mit Hunderten von Leuten, die an kleinen Tischen zwischen den Bäumen saßen, und alles war mit Lampen beleuchtet.

14. JULI (SO.) Um 10 gingen wir in die Kirche, St. Gudule, die schönste von Brüssel. Es gefiel mir nicht besonders, denn obwohl es möglich gewesen wäre, den Gottesdienst zum großen Teil mitzumachen, konnte man, wenn er überhaupt hörbar war, nur hie und da ein Wort aufschnappen. Und im übrigen waren im allgemeinen zwei Dinge gleichzeitig im Gang: der Chor sang meistens Hymnen etc., während der Priester unabhängig davon seinen Teil des Gottesdienstes weiterführte – und die ganze Gesellschaft der Priester etc. ging ständig in kleinen Prozessionen zum Altar, wo sie für ungefähr eine Sekunde niederkniete (viel zu kurz für irgendeine Andacht), und kehrte dann zu ihren Plätzen zurück. Auf die Höhepunkte des Gottesdienstes machte eine schrille Glocke aufmerksam, die, solange ihr Klingeln anhielt, alles andere übertönte. Die Leute um uns herum waren zum Teil mit ihren eigenen Andachtsübungen beschäftigt – (der Mann neben mir, der keinen Schemel hatte zum Niederknien, kniete auf den Fliesen und zählte seine Gebete an einer Perlenschnur ab) –, einige schauten nur zu, und ständig gingen Leute ein und aus. Ich machte mit im Gottesdienst, wann immer ich herausfinden konnte, was vorging, aber sogar wenn Liddon die Stellen fand, war es schwierig, die Worte zu ver-

stehen; und überhaupt war es sehr schwierig, sich diesen Gottesdienst als einen vorzustellen, bei dem die Gemeinde mitmachen konnte – alles schien *für* sie getan zu werden. Die Musik war sehr schön, und das Schwenken der Weihrauchfässer äußerst pittoresk – zwei Knaben, in Weiß und Scharlach gekleidet, standen vor dem Altar, kehrten ihm das Gesicht zu und schwenkten die Weihrauchfässer genau parallel, im Takt mit der Musik. Nachher wurde eine Zeremonie abgehalten, die nur einmal im Jahr stattfindet, die große Prozession der »Hostie« durch die Stadt. Wir warteten, bis sie vorbei war, und warteten auf ihre Rückkehr, die länger als eine Stunde auf sich warten ließ. Sie wurde angeführt von einer Kavallerie-Schwadron! Dann kam eine lange Reihe von kleinen Knaben, die meisten in Scharlach und Weiß und einige mit Kränzen aus Papierblumen auf dem Kopf, die Fahnen trugen, und einige mit Körben voll bunten Papierschnitzeln, die sie wohl unterwegs ausstreuten – dann ein langer Zug von kleinen Mädchen in Weiß mit langen weißen Schleiern, dann eine Schar von singenden Männern, Priestern etc., alle in prächtigen Gewändern und mit Fahnen, die immer größer und prächtiger wurden, je länger die Prozession sich hinzog. Dann wurde eine große Figur der Jungfrau Maria mit dem heiligen Kind vorbeigetragen – die Figur stand auf einem großen Podest in der Form einer Halbkugel, aber flacher und mit künstlichen Blumen bedeckt – dann noch mehr Fahnen – dann ein großer Baldachin auf vier Stangen, unter dem die Priester gingen, die die Hostie trugen; viele Leute knieten nieder, als sie vorbeigingen. Es war bei weitem die prächtigste Zeremonie, die ich je gesehen habe, überaus schön in ihrer Wirkung, aber auch schrecklich theatralisch und unwirklich. Die Menschenmenge war riesig, aber durchaus ordentlich – es müssen mehrere Tausend dort gewesen sein.

Am Nachmittag besuchte Liddon Freunde, und ich machte einen kleinen Spaziergang zur »Grande Place« und betrachtete lange das schöne »Hôtel de Ville«; man sagt, daß der Platz das schönste Beispiel bürgerlicher gotischer Architektur in der Welt sei. Am Abend gingen wir in die Englische Kirche, aber der Gottesdienst war auf den Nachmittag verlegt worden.

15. JULI (MO.) Um 9.40 fuhren wir nach Köln weiter, wo wir (ohne Abenteuer übrigens) um 4 ankamen. Hier wurde noch einmal unser Gepäck untersucht, noch oberflächlicher als das letzte Mal; *mein* Koffer wurde nicht einmal geöffnet. Wir blieben ungefähr eine Stunde im Dom, den ich nicht anders zu beschreiben versuche als damit, daß er von allen Kirchen, die ich je gesehen habe oder mir vorstellen kann, die schönste ist. Wenn man sich den Geist der Andacht in irgendeiner materiellen Gestalt vorstellen könnte, müßte das ein solches Gebäude sein.

Am Abend machten wir einen weiteren Spaziergang, über den Fluß, und wir hatten eine wunderbare Aussicht über die ganze Stadt. Das war nach einem ausgezeichneten Dinner (wie alle Mahlzeiten anhin) und einer Flasche Rüdesheimer, die die Bemerkung, mit der sie der fröhliche kleine Kellner unserer Aufmerksamkeit empfahl, voll verdiente: »Das, würde ich meinen, ist ein guter Wein!« Unser Hotel war das »du Nord«.

Im Kölner Dom

16. JULI (DI.) Wir machten einen Rundgang durch verschiedene Kirchen, was dazu führte, daß ich von keiner von ihnen eine sehr deutliche Vorstellung habe. Es waren das: die Kirche »St. Ursula und die 11000 Jungfrauen«, deren Gebeine in Kisten mit Vorderseiten aus Glas aufbewahrt werden, durch die man sie kaum sieht – »St. Gereon«, ein anderes Beinhaus mit einer merkwürdigen zehneckigen Kuppel – die »Apostelkirche« – »St. Peter« mit einem Altarbild von Rubens, das die Kreuzigung des heiligen Petrus zeigt (in der Nähe fanden wir ein Haus mit einer Tafel, die bezeugte, daß Rubens hier geboren sei) – und »Sta Maria in Capitolio«.

Liddon ging um ½2 zur Table d'hôte, und ich nützte die Gelegenheit, zur Apostelkirche zurückzugehen, um mir dort eine Trauung anzusehen. Es waren ziemlich viele Leute dort und viele Kinder, die in der Kirche herumrannten wie sie wollten, aber ohne Lärm zu machen und gar nicht wie englische Kinder. Die Hochzeitsgesellschaft war innerhalb der Abschrankung, wo sie alle (die ganze Zeit) an beweglichen Pulten knieten. Der Gottesdienst begann, glaube ich, mit Gebeten und einigen Fragen und Antworten, worauf der Priester, sich bequem an den Altar anlehnend, das Buch schloß und eine lange Ansprache hielt, scheinbar improvisiert – dann schwenkte er etwas über ihnen, das aussah wie ein Gefäß mit Weihwasser – dann brachte der Schreiber ein Buch und Tinte und Feder und legte es auf den Altar, und der Priester beschäftigte sich des längeren damit, Eintragungen in das Buch zu machen, während zwei der Herren zu ihm kamen und ihm etwas zuflüsterten, wie ich vermute, gaben sie als Zeugen ihre Namen an – dann machte der Priester eine kleine Verbeugung in Richtung der Hochzeitsgesellschaft, und die Sache war erledigt.

Als wir unseren Rundgang durch die Kirchen machten, war ich sehr überrascht über die vielen Leute, die wir dort ihre private Andacht abhalten sahen. In einer waren 3 Frauen, die gleichzeitig an 3 verschiedenen Beichtstühlen beichteten: Sie verbargen ihre Gesichter in den Händen, und der Priester hielt sich ein Taschentuch vors Gesicht, aber es gab keine Vorhänge. Die Zahl der Kinder, die offenbar von sich aus gekommen waren, um zu beten, war bemerkenswert. Einige hatten Bücher, aber nicht alle – die meisten, glaube ich, schauten uns nach, wenn wir herumgingen, wandten sich aber bald wieder ihrer Andacht zu und standen dann eins nach dem andern auf und gingen hinaus, offensichtlich kamen und gingen sie, wie es ihnen gefiel. Ich sah keine Männer und Knaben unter den Andächtigen (es waren aber viele beim Sonntagsgottesdienst in Brüssel) … Am Nachmittag stiegen wir auf den Turm des Doms und hatten eine überwältigende Aussicht über die Stadt mit ihrer Unmenge von weißen Mauern und grauen Dächern und viele Meilen weit über den Rhein.

Wir waren übereingekommen, die Reise nach Berlin nachts in Angriff zu nehmen, und setzten uns demnach um 7.15 abends in den Zug und kamen ungefähr um 8 Uhr morgens in Berlin an. Man konnte die Sitze im Wagen ausziehen, bis sie zusammenstießen und ein durchaus brauchbares Bett ergaben, und es gab einen grünen Seidenschirm, den man über die Lampe ziehen konnte, wenn man den Wagen verdunkeln wollte, und wir hatten eine sehr bequeme Nacht, obwohl ich leider sagen muß, daß Liddon nicht schlief.

17. JULI (MI.) Als wir in Berlin einen Wagen nehmen wollten (hier Droschke genannt), der uns ins »Hôtel de Russie« bringen sollte, gab man uns einen Zettel mit einer Nummer darauf, und wir waren *gezwungen*, beim Standplatz den Wagen zu nehmen, der diese Nummer hatte – eine Regelung, die in England nicht lange geduldet würde. Im Verlauf des Tages besichtigten wir die großartige Reiterstatue Friedrichs des Großen (von Rauch) und die berühmte »Amazone mit Tiger« (von Kiss) und statteten 2 Bildergalerien, die wir, wenn möglich, in Ruhe besichtigen sollten, hastige Besuche ab. Wir aßen um 3 an der Table d'hôte. (Merke: daß »potage à la Flamande« Schafsbrühe ist, daß man Ente mit Kirschen ißt und daß es *nicht* üblich ist, während des Essens ein sauberes Besteck zu verlangen.) Am Abend schlenderten wir herum, und als wir sahen, daß in St. Peter ein Gottesdienst abgehalten wird (evangelisch), gingen wir hinein und hörten ungefähr 20 Minuten lang einer äußerst flüssig improvisierten Predigt zu, auf deutsch. Der Prediger endete mit einem langen improvisierten Gebet und anschließend dem Vaterunser – erhob sich dann (und alle mit ihm) und sprach mit ausgebreiteten Armen den Segen – dann setzte die Orgel ein, der Prediger zog sich zurück, und die Gemeinde setzte sich und sang ein langes und sehr wohlklingendes Lied.

18. JULI (DO.) Wir gingen zum zweiten Mal, und jetzt für länger, in die große Bildergalerie (mit 1243 Bildern), die vom großen Kunstkritiker Waagen eingerichtet worden ist. Sein Katalog enthält aber, wenn überhaupt, nur wenige Erläuterungen, beschränkt sich vielmehr darauf, aufzuzählen, was auf jedem einzelnen Bild zu sehen ist. Die Mehrzahl der Bilder zeigt heilige Sujets, darunter eine große Zahl von »Madonna mit Kind« in einer großen Vielfalt von Stilen, auf vielen ist der heilige Sebastian zu sehen (bereits von Pfeilen durchbohrt), auf einigen hat Maria das Kind auf den Boden gesetzt und kniet vor ihm im Gebet, und auf einem, das farblich sehr schön ist, ist der schlafende Joseph mit dem Engel zu sehen, der ihm etwas ins Ohr flüstert. Es ist ferner ein bemerkenswertes Bild des Turms von Babel zu sehen, mit Tausenden von Figuren – ein anderes vom Garten Eden, gedrängt voll mit allen möglichen Tieren und Vögeln – und einige, die man von Kupferstichen gut kennt, zum Beispiel die Versuchung des heiligen Antonius. Eines der wunderbarsten Stücke in Sachen *Ausführung*, die ich je gesehen habe, ist ein Triptychon von Van Weyden, das Szenen nach dem Tod unseres Herrn darstellt – auf einer mit einer weinenden Maria ist jede Träne eine sorgfältig gemalte Halbkugel (oder eher etwas mehr) mit ihrem eigenen Lichtpunkt und ihrem eigenen Schatten, und es liegt ein Buch am Boden, dessen Seiten dort, wo eine der Klammern befestigt ist, ein wenig aufgeblättert sind, so daß ihr Schatten auf die darunterliegenden Seiten fällt, und obwohl der Schatten kaum ein Zoll lang ist, hat der Künstler überall dort, wo sich die Seiten auch nur um ein geringstes öffnen, den Schatten sorg-

fältig der Länge nach auf die untere Seite übertragen. Wenn man die Bilder als Ganzes betrachtete, war man von ihrer Schönheit nicht überaus beeindruckt, aber man konnte kaum ein Bild finden, bei dem die nähere Untersuchung nicht Wunder an Technik offenbarte. Man müßte viele Tage aufwenden, wenn man der ganzen Galerie nur einigermaßen gerecht werden möchte. Nach der Table d'hôte regnete es so stark, daß wir nichts mehr unternehmen konnten als einen kurzen Spaziergang, bei dem wir an der alten Nikolaikirche vorbeikamen.

19. JULI (FR.) Wir standen (mit Hilfe unseres Weckers) um ½7 auf und frühstückten bald nach ½8. Am Vormittag besuchten wir die Nikolaikirche, die eine für mich neue Besonderheit hatte – nämlich einen völlig abgetrennten Gang, der die nach Osten gerichtete Apsis umläuft, außerhalb eines Kreises von Säulen, in dem der Altar steht, hinter ihm die übliche Masse von Marmor und hinter dieser wiederum eine Wand, die mit alten Gemälden bedeckt ist (meistens Motive aus der Bibel), von denen jedes einzelne zum Gedenken an eine verstorbene Person dort aufgehängt ist. Hier sahen wir auch das Grab von Pufendorf. Von da gingen wir zum Schloß oder Königspalast und wurden dort mit einer Schar anderer Schaulustiger durch eine Reihe von prachtvollen Räumen und eine große kreisrunde Kapelle geführt: durchweg alles, was sich vergolden ließ, war vergoldet. Das große Treppenhaus, durch das wir hereinkamen, hatte keine Stufen, sondern war so etwas wie eine sanft ansteigende gepflasterte Straße und erinnerte mich sehr an gewisse Straßen in Whitby. Aber nachdem

wir die Räume besichtigt und unseren Führer bezahlt hatten, kümmerte sich niemand mehr um uns, und es blieb uns überlassen, so gut wir konnten den Weg hinaus zu finden, eine Hintertreppe hinab, zwischen Eimern und Arbeitern hindurch, die mit Reparaturen beschäftigt waren – worin eine tiefe Moral liegt, die mit »Das ist das Los der Fürsten ...« beginnt. Den Rest des Vormittags widmeten wir den beiden Bildergalerien.

Nach dem Essen fuhren wir auf dem Oberdeck des Omnibusses nach Charlottenburg (ungefähr vier Meilen westlich), unterwegs hatten wir einen ausgezeichneten Blick auf »Unter den Linden«. Es gibt dort ein weiteres Schloß und ein paar sehr hübsche Anlagen, aber wirklich bemerkenswert ist nur die Kapelle, in der die Prinzessin* begraben ist. Ihr Grab besteht aus einer erlesen schön gearbeiteten Marmorfigur, die auf einem Ruhebett liegt – eine wunderbare Wirkung rührt davon her, daß die Dachfenster zum Teil aus violettem Glas bestehen, was dem Marmor eine unbeschreiblich träumerische Sanftheit verleiht.

Später am Abend machten wir einen kleinen Spaziergang, um einen Blick auf die Jüdische Synagoge zu werfen, die sehr sehenswert sein soll – was uns ein Herr aus New York sagte, den wir (mit seiner Frau) an der Table d'hôte getroffen hatten, es schienen sehr angenehme Leute zu sein. Sie sind hierhergekommen, ohne ein Wort Deutsch zu können, und sie finden darum das Leben hier eher schwierig.

---

* Von Liegnitz

Unter den Linden in Berlin

20. JULI (SA.) Wir begannen den Tag damit, daß wir die Jüdische Synagoge besichtigten, wo eben ein Gottesdienst abgehalten wurde, und blieben, bis er vorbei war. Alles war völlig neu für mich und äußerst interessant. Das Gebäude ist überaus prächtig, beinahe die ganzen Innenwände sind vergoldet oder sonst irgendwie verziert – die Bögen sind beinahe alle halbrund, wenn einige auch von der Form, die ich hier skizziere – gegen Osten eine kreisrunde Kuppel, unter der auf Säulen eine kleinere Kuppel steht, darunter (hinter einem Vorhang verborgen) ein Schrank, der die Thorarollen enthält, davor ein Lesepult, nach Osten gerichtet, und davor noch ein kleines Pult, das nach Westen schaut – nur dieses letzte wurde benutzt. Der Rest des Gebäudes war mit Stühlen ausgestattet. Wir folgten dem Beispiel der Gemeinde und behielten unsere Hüte auf. Viele der Männer zogen, wenn sie ihren Sitz erreicht hatten, weiße viereckige Seidentücher aus bestickten Beuteln und legten sich diese um Kopf und Schultern. Das war ein äußerst eigenartiger Anblick – am oberen Rand des Tuches war etwas, das aussah wie goldene Stickerei, vielleicht aber ein Gebetsriemen war. Diese Männer erhoben sich von Zeit zu Zeit und lasen Teile der Lektionen. Was gelesen wurde, war alles deutsch, aber es wurde immer wieder auf hebräisch gesungen, zu wunderbarer Musik: Manche dieser Gesänge stammen aus sehr frühen Zeiten, vielleicht aus der Zeit Davids. Der Oberrabbiner sang oft allein, ohne Musik. Die Gemeinde erhob und setzte sich abwechselnd; ich sah niemanden knien.

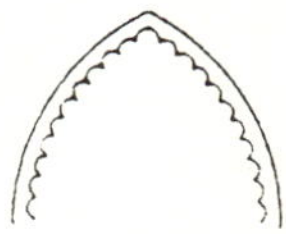

Am Nachmittag waren wir in Potsdam, einer Gegend

mit Schlössern und Gärten. Das Neue Palais (in dem unsere Kronprinzessin lebt) ist sogar noch prächtiger als das Schloß in Berlin. Dort sahen wir die Zimmer Friedrichs des Großen, seinen Schreibtisch, einen Stuhl, dessen Bezug von den Krallen seiner Hunde zerfetzt war etc. Wir besuchten auch die Kirche, in der sein Grab ist – einfach und ohne Inschrift, nach seinem Wunsch. Das Juwel dieses Ortes ist »Sanssouci«, sein Lieblingsschloß. Wir streiften in den Gärten herum, die im alten strengen Stil gehalten sind, mit geraden Alleen, die von einer Mitte ausstrahlen, und einer überaus schönen Folge von terrassierten Gärten, die einer über dem anderen liegen und voll von Orangenbäumen sind. Die Menge an Kunst, die über die ganze Region von Potsdam verschwendet worden ist, ist wunderbar; einige Schlösser enden oben in wahren Wäldern von Postamenten. Tatsächlich scheinen mir die beiden Prinzipien der Berliner Architektur die folgenden zu sein: »Wo immer auf dem Giebel eines Hauses Platz ist, wird die Statue eines Mannes aufgestellt; die beste Stellung ist die auf einem Bein. Wo immer Platz ist auf ebener Erde, wird entweder im Kreis eine Gruppe von Büsten aufgestellt, alle nach innen blickend, die sich miteinander unterhalten – oder die Kolossalstatue eines Mannes, der ein Tier tötet, getötet hat oder gleich töten wird (das Präsens ist bevorzugt); je mehr Borsten das Tier hat, um so besser – eigentlich muß es ein Drache sein, wenn das aber die Möglichkeiten des Künstlers übersteigt, darf es auch ein Löwe sein oder ein Schwein.«

Das Prinzip Tier-Töten ist überall mit gnadenloser Eintönigkeit durchgeführt worden, gewisse Teile von

Die Gärten von Potsdam

Berlin sehen denn auch aus wie ein Schlachthaus für Fossile. Die Expedition nach Potsdam dauerte 6 Stunden.

21. JULI (SO.) Liddon ging zum deutschen Gottesdienst in der Dom-Kirche. Ich besuchte den einzigen englischen Gottesdient (am Vormittag), in einem Raum von Monbijou, der für diesen Zweck zur Verfügung gestellt worden war. Während Liddon beim Abendgottesdienst war, schlenderte ich im Lustgarten umher, wo Gruppen von Leuten auf Bänken und auf den Stufen des Museums saßen und zahlreiche Kinder spielten. Ihre bevorzugte Belustigung war es, im Kreis zu tanzen, wobei sie sich an den Händen hielten und nach außen blickten. Dabei sangen sie ein kleines Lied, dessen Worte ich nicht verstand. Einmal stießen sie auf einen großen Hund, der auf dem Boden lag, und machten ihn sogleich zum Mittelpunkt ihres Tanzes und sangen ihm ihr Lied, diesmal nach innen blickend. Der Hund schaute völlig verblüfft dieser neuen Form von Unterhaltung zu, beschloß dann aber bald, sie sei nicht auszuhalten und müsse um jeden Preis gemieden werden. Ich traf auch, als ich da allein herumspazierte, einen sehr angenehmen deutschen Herrn und hatte eine Art Gespräch mit ihm: Er war überaus zuvorkommend im Erraten meiner Absichten und im Ergänzen von Sätzen in einer Sprache, die sehr schlechtes Deutsch gewesen wäre, wenn sie überhaupt den Namen Deutsch verdient hätte. Immerhin ist mein Deutsch ungefähr so gut wie das Englisch, das ich höre: Beim Frühstück heute morgen, zu dem ich kalten Schinken bestellt hatte, beugte sich der Kellner,

als er die anderen Dinge brachte, über den Tisch und sagte zu mir in einem vertraulichen Ton: »I brings in minutes ze cold ham.«

Um 10.15 fuhren wir ab nach Danzig, das wir in sehr guter Verfassung um 10 Uhr morgens erreichten.

22. JULI (MO.) Wir verbrachten den Rest des Tages damit, den Dom [die Marienkirche] und den Rest dieser fabelhaften und überaus interessanten Stadt zu besichtigen. Die Straßen sind eng und krumm, die Häuser sehr hoch, und beinahe auf jedem sitzt ein sonderbar geschmückter Giebel, voll von seltsamen Kurven und Zickzacks. Der Dom war ein großer Genuß. Wir brachten 3 Stunden in der Kirche und eine weitere oben auf dem Turm zu, der 328 Fuß hoch ist und von dem man eine großartige Aussicht auf die alte Stadt hat, auf die Windungen der Mottlau und der Weichsel und auf ein weites Stück Ostsee. Im Dom sahen wir das großartige Jüngste Gericht von Memling, eines der größten Wunder, die ich je gesehen habe: Es sind auf ihm wohl Hunderte von Figuren zu sehen, und beinahe jedes Gesicht ist so peinlich genau ausgeführt, als ob es ein Miniaturportrait wäre; ein paar der bösen Geister zeugen von der maßlosen Phantasie des Künstlers, sind aber zu grotesk, um schrecklich zu sein. Die Kirche ist voll von Altären und Altarschreinen (obwohl sie jetzt lutheranisch ist), deren Hauptmerkmal es ist, daß sie Klapptüren haben, die innen und außen bemalt sind, und dahinter ein bis zum Überdruß bemaltes und vergoldetes Relief, das zumeist die Kreuzigung darstellt. Auf einem, das unseren Herrn beim Kreuztragen zeigt, stieß ich auf einen ungewöhnlichen Einfall:

In der Danziger Marienkirche

Ein Pfosten ist in den Boden gerammt, der in eine Schraube ausläuft, die das obere Ende des Kreuzes durchstößt, und am Ende dieser Schraube sitzt eine Schraubenmutter, die ein Teufelchen anzuziehen versucht, um so das Tragen des Kreuzes noch mühsamer zu machen. Beinahe zuoberst im Dach des Chors steht auf einem Balken ein gewaltiges Kruzifix mit den Figuren der trauernden Frauen, alle überlebensgroß.

In zwei Sakristeien fanden wir eine wunderbare Sammlung von alten Gewändern, Reliquien, Musikinstrumenten und von Meßgewändern, von denen ich allein 75 zählte! Es gab auch 2 »Vesicae« (sehr selten) – das sind hohle Gehäuse aus gebogenen Stäben, die eine Figur der Jungfrau Maria enthalten. Jedes Paar von gegenüberliegenden Stäben soll einen Fisch darstellen (ΙΧΘΥΣ). Sie waren an Ketten am Dach des Chors aufgehängt. Die ganze Kirche ist innen in Weiß und Gold gehalten, sehr hoch und voll von hohen, prächtigen Säulen.

Am Abend machten wir einen Spaziergang, und als wir in der Dämmerung durch eine enge Gasse heimgingen, begegneten wir einem kleinen Soldaten, der mitten auf der Straße mit aufgepflanztem Bajonett Wache stand: Er blickte uns grimmig an, ließ uns aber unbehelligt passieren.

Im Hotel saß ein grüner Papagei auf einem Ständer: Wir sprachen ihn mit »Pretty Poll« an, und er neigte den Kopf zur Seite und dachte darüber nach, wollte sich aber nicht zu einer Äußerung herbeilassen. Der Kellner kam herbei, um uns über den Grund seines Schweigens zu belehren: »Er spricht nicht Englisch, er spricht nicht Deutsch.«

Es schien, daß der unglückliche Vogel nur Mexikanisch spricht. Da wir von dieser Sprache kein Wort verstanden, konnten wir ihn nur bedauern.

23. JULI (DI.) Wir schlenderten herum und kauften ein paar Photographien und fuhren um 11.39 nach Königsberg ab. Auf dem Weg zum Bahnhof begegneten wir dem großartigsten Beispiel für die »Majestät der Justiz«, das ich je gesehen habe: Ein kleiner Junge wurde zum Richter oder ins Gefängnis gebracht (vermutlich ein Taschendieb). Die Ausführung dieser Heldentat war zwei Soldaten in voller Uniform anvertraut worden, die feierlich einer vor und einer hinter dem armen kleinen Kerl einhermarschierten, selbstverständlich mit aufgepflanztem Bajonett und bereit zum Angriff, falls er zu entwischen versuchen sollte …

Die Gegend zwischen Danzig und Königsberg ist sehr langweilig. In der Nähe von Danzig kamen wir an einer Hütte vorbei, auf deren Dach ein Nest war, das von irgendwelchen großen, langbeinigen Vögeln bewohnt war – Kraniche nehme ich an, da uns die deutschen Kinderbücher erzählen, daß sie sich auf Häusern ansiedeln und einen hoch moralischen Zweck erfüllen, indem sie böse Kinder forttragen.

Wir erreichten Königsberg ungefähr um 7 und stiegen im »Deutschen Haus« ab.

Nachts um ½ 11. Weil ich auf der Straße einen quietschenden Lärm hörte, habe ich eben hinausgeschaut und einen Polizisten (oder etwas Ähnliches) gesehen, der seine Runde macht. Er geht langsam mitten auf der Straße, und alle paar Meter hält er an, setzt ein Musikinstrument an seinen Mund und produziert einen Ton, der sich wie von einer Kindertrompete anhört. Ich habe in Danzig ungefähr um Mitternacht den gleichen Lärm gehört und ihn herumstreunenden Buben zugeschrieben.

24. JULI (MI.) Ich ging allein aus, um mir die Stadt anzusehen, und zog allein im Ort herum, weil sich Liddon dazu nicht wohl genug fühlte, stieg unter anderem auf den Turm der Altstädter Kirche und hatte einen sehr guten Überblick über die Stadt. Den Küster mit dem Schlüssel ausfindig zu machen und ihn, als wir oben waren, über die verschiedenen Dinge zu befragen, die zu sehen waren, war eine harte Beanspruchung meines sehr mageren Vorrats an Deutsch. Die Stadtteile, die ich besichtigte, waren gewöhnlich genug, aber nachher bemerkte ich, daß ich den ältesten Teil nicht gefunden hatte. Am Abend saßen wir für mehr als zwei Stunden im Bürse-Garten, hörten ausgezeichnete Musik und sahen den Einheimischen zu, wie sie sich vergnügten, was sie sehr ausgiebig besorgten. Die älteren Leute setzten sich um die kleinen Tische herum (an jedem hatten 4 oder 6 Platz), die Frauen hatten ihre Handarbeit bei sich, während die Kinder überall herumspazierten, in Gruppen von 4 oder 5, und alle hielten sich bei der Hand. Kellner trieben sich auf der Jagd nach Bestellungen herum, aber es schien, daß nicht viel getrunken wird. Alles war so ruhig und wohlerzogen wie in einem Salon in London. Alle schienen alle zu kennen, und es ging hier sehr viel häuslicher zu als bei einer ähnlichen Gelegenheit in Brüssel.

Weil wir im »Deutschen Haus« wohnen, genießen wir ein ungewöhnliches Vorrecht: Wir können klingeln, so lange und so oft wir wollen – nichts wird unternommen, um dem Lärm ein Ende zu machen. Es dauert durchschnittlich 5 bis 10 Minuten, bis jemand auf das Läuten reagiert, und eine ½ bis ¾ Stunde, bis man das Gewünschte bekommt.

25. JULI (DO.) Den ganzen Tag herumspaziert, aber nichts zu berichten, außer daß bei einigen Geschäften die deutschen Inschriften in hebräischen Buchstaben wiederholt sind. Am Abend ging ich ins Theater, das in jeder Hinsicht recht gut war, und sehr gut, was das Singen und zum Teil auch das Spiel betraf. Das Stück hieß »Anno 66«, aber ich konnte nur hin und wieder ein Wort verstehen und habe kaum einen Begriff von der Handlung. Eine der Personen war der »Korrespondent einer englischen Zeitung«. Dieses einzigartige Wesen hatte seinen Auftritt mitten in einem Soldatenbiwak (vor Sadowa), war fast ganz weiß angezogen – ein sehr langer Gehrock und ein hoher Hut auf dem Hinterkopf, beides beinahe weiß. Er sagte »morning« im Sinn einer allgemeinen Bemerkung, als er zum ersten Mal auftrat, sprach dann aber, was ich für gebrochenes Deutsch hielt. Die Soldaten schienen ihn als einen Trottel zu betrachten, und er beendete seine Laufbahn damit, daß er in eine Trommel fiel.

Die zwei Dinge, die in Königsberg am häufigsten verkauft werden, *müssen* (da sie ungefähr die Hälfte der Geschäfte füllen) Handschuhe und Feuerwerk sein. Immerhin habe ich viele Herren gesehen, die ohne Handschuhe gingen: Vielleicht braucht man sie nur, um die Hände zu schützen, wenn man ein Feuerwerk abbrennt.

26. JULI (FR.) Am Vormittag besuchten wir den Dom, einen schönen alten Bau, und fuhren mit dem 12.54-Zug nach St. Petersburg (oder Petersburg, wie es alle zu nennen scheinen), wo wir am nächsten Tag pünktlich um 17.30 ankamen, nach einer Fahrt von 28 ½ Stunden! Unglücklicherweise konnten sich auf den Sitzen unseres Wagens nur vier Personen hinlegen, und da außer uns noch zwei Damen und ein anderer Herr da waren, schlief ich auf dem Boden, mit einer Reisetasche und einem Mantel als Kissen, und war, wenn auch nicht luxuriös, doch so bequem gebettet, daß ich die ganze Nacht tief schlief. Es stellte sich heraus, daß der andere Herr ein Engländer war, der schon seit 15 Jahren in Petersburg lebt und von einer Reise nach Paris und London zurückkommt. Er beantwortete überaus freundlich unsere Fragen, gab uns viele Hinweise zu den Sehenswürdigkeiten in Petersburg, zur Aussprache der Namen etc., entwarf aber ein eher düsteres Bild von unseren Aussichten mit der Bemerkung, daß nur sehr wenige eine andere Sprache als Russisch sprächen. Als Beispiel für die außerordentlich langen Wörter, die in dieser Sprache vorkommen, buchstabierte er für mich das folgende:

ЗАЩИЩАЮЩИХСЯ

das, wenn man es in englischen Buchstaben schreibt, Zashtsheeshtshayoushtsheekhsya ergibt – dieses beängstigende Wort ist der Genetiv Plural eines Partizips und bedeutet »Personen, die sich verteidigen«.

Er erwies sich als ein sehr angenehmer Zuwachs unserer Gesellschaft, und er und ich spielten im Verlauf des 2. Tages 3 Partien Schach, über die ich glücklicherweise kein Protokoll führte, da sie alle mit meiner Niederlage endeten.

Die Gegend von der russischen Grenze bis Petersburg ist völlig flach und uninteressant, abgesehen vom gelegentlichen Auftauchen eines Bauern mit der üblichen Pelzmütze und in Kittel und Gürtel und dann und wann einer Kirche mit einer runden Kuppel, die von vier kleinen Kuppeln umgeben ist, mit grünbemalten Dächern, und im ganzen (wie unser Freund bemerkte) anzusehen wie ein Ständer mit Gefäßen für Essig und Öl.

Bei einer Station, wo wir zum Mittagessen anhielten, war ein Mann, der auf einer Gitarre spielte, an der oben Panflöten befestigt waren und anderswo Glocken, was er alles zusammen und aufeinander abgestimmt und im Takt zu spielen imstande war. Dieser Ort war auch bemerkenswert, weil wir hier zum ersten Mal die Suppe des Landes zu kosten bekamen, Щи (schtschi ausgesprochen), die durchaus genießbar war, obwohl sie irgendein saures Element enthielt, auf dem russische Gaumen vielleicht bestehen …

Bevor wir ankamen, ließen wir uns von unserem Freund den russischen Namen unseres Hotels beibringen, Gostinitsa Klee, weil er der Meinung war, wir müßten vielleicht einen russischen Kutscher nehmen, aber wir waren alle Sorgen los, als wir einen Mann vom »Hôtel de Russie« vorfanden, der auf uns wartete, uns auf deutsch ansprach, in seinen Wagen setzte und das Gepäck holte. Nach dem Essen blieb uns nur Zeit für einen kurzen Spaziergang, aber er war voller Wunder und Neuheiten. Die enorme Breite der Straßen (von denen die zweitklassigen breiter zu sein schienen als irgend etwas in London), die kleinen Droschken, die umherfuhren, scheinbar unbekümmert darum, ob sie jemanden überfahren (wir merkten bald, daß es nötig ist, sehr scharf aufzupassen, weil sie nie schreien, so nahe sie auch kommen), die enormen beleuchteten Aushängeschilder über den Geschäften und die riesigen Kirchen mit ihren blaubemalten und sternenbedeckten Kuppeln, das verwirrende Geplapper der Einheimischen – all das trug zu den Wundern unseres ersten Spaziergangs in Petersburg bei. Unterwegs sahen wir einen Heiligenschrein, schön verziert und innen und außen vergoldet, der ein Kruzifix, Bilder etc. enthielt. Nahezu alle die Armen, die vorbeikamen, entblößten ihr Haupt, verneigten sich und bekreuzigten sich mehrmals – ein seltsamer Anblick inmitten der geschäftigen Menge.

28. JULI (SO.) Am Vormittag gingen wir in die große Isaaks-Kathedrale, wo aber der Gottesdienst, der auf slawonisch gehalten wurde, hoffnungslos unverständlich war. Es gab keine Instrumente, die den Gesang begleitet hätten, aber nur mit den Stimmen allein wurde eine wunderbare Wirkung erzielt. Die Kirche ist ein gewaltiges kreuzförmiges Gebäude, das sich über die vier gleichgroßen Teile von Chor, Schiff und Querschiffen erstreckt, wobei die Mitte von einer großen Kuppel überdeckt wird (die außen über und über vergoldet ist), und es hat so wenige Fenster, daß es innen beinahe dunkel wäre, wenn nicht so viele mit Kerzen beleuchtete Ikonen dort hingen. Jede Ikone scheint

In der Isaaks-Kathedrale in St. Petersburg

zunächst nur mit zwei großen Kerzen versehen zu sein, aber es gibt zahlreiche Halter für kleine Kerzen, die von denen gestiftet werden, die davor beten; jeder bringt eine mit, zündet sie an und steckt sie hinein. Der einzige Beitrag, den die Gemeinde zum Gottesdienst zu leisten hatte, war, sich zu verneigen und zu bekreuzigen und manchmal niederzuknien und den Boden mit der Stirn zu berühren. Man möchte hoffen, daß dabei im Stillen gebetet wurde, aber das kann nicht immer der Fall gewesen sein: Ich sah sehr kleinen Kindern zu, deren Gesichter nicht im geringsten danach aussahen, als ob sie dem, was sie taten, irgendeine Bedeutung beimessen würden; und ein kleiner Junge (den ich am Nachmittag in der Kasaner Kathedrale sah), dessen Mutter ihn niederknien und seine Stirn auf den Boden senken hieß, kann nicht mehr als 3 Jahre alt gewesen sein. Dieses Sich-Verneigen und -Bekreuzigen fand auch vor den Ikonen statt, und nicht nur das, denn als ich draußen auf Liddon wartete (ich ging hinaus, als die Predigt anfing), sah ich viele, die es taten, wenn sie an der Kirchentür vorübergingen, sogar, wenn sie auf der anderen Seite einer überaus breiten Straße waren. Ein schmaler Streifen Pflaster führt vom Eingang auf die andere Seite, so daß alle, die vorbeifuhren oder -gingen, genau erkennen konnten, wann sie gegenüber sind.

Das Sich-Bekreuzigen verdient übrigens kaum diesen Namen, weil es aus nichts anderem besteht, als daß man sich mit dem rechten Zeigefinger die Stirn, die Brust, die rechte Schulter und die linke Schulter berührt; das tut man im allgemeinen dreimal, wonach man sich jedesmal verneigt, und dann ein viertes Mal, ohne sich zu verneigen.

Die Kleider der ministrierenden Geistlichen waren prachtvoll, und die Prozessionen und der Weihrauch erinnerten mich an die katholische Kirche in Brüssel, aber je mehr man von diesen prachtvollen Gottesdiensten mit ihrem starken Appell an die Sinne sieht, desto mehr, denke ich, lernt man den schlichten, einfachen (aber meiner Meinung nach viel wirklicheren) Gottesdienst der englischen Kirche schätzen.

Ich erfuhr zu spät, daß der einzige englische Gottesdienst hier am Vormittag stattfindet, so daß wir am Nachmittag planlos in dieser wunderbaren Stadt herumgingen. Sie ist so durchaus verschieden von allem, was ich je gesehen habe, daß mir ist, ich könnte und müßte damit zufrieden sein, tagelang nichts anderes zu tun, als in ihr umherzustreifen. Wir gingen die ganze Länge des Newskij-Prospekts entlang, etwa drei Meilen mit vielen großartigen Gebäuden, der eine der großartigsten Straßen der Welt sein muß; sie endet beim (wahrscheinlich) größten Platz der Welt, dem Admiralitäts-Platz (ПЛОЩАДЬ), der ungefähr eine Meile lang ist, wobei die Fassade der Admiralität fast eine ganze Seite einnimmt.

Bei der Admiralität steht eine prächtige Reiterstatue Peters des Großen. Der untere Teil ist kein Sockel, sondern unbehauen und roh wie ein richtiger Fels. Das Pferd bäumt sich auf und tritt, so viel ich sehe, eine Schlange, die um seine Hinterläufe geringelt ist. Wenn man so etwas in Berlin aufgestellt hätte, wäre Peter ohne Zweifel an der Ermordung des Monstrums aktiv beteiligt gewesen, aber hier nimmt er keine Notiz von ihm: Tatsächlich ist die Mordtheorie gar nicht anerkannt. Wir sahen zwei gewaltige Lö-

Newskij-Prospekt in St. Petersburg

wenfiguren, die so bemüht mild sind, daß jede von ihnen einen großen Ball herumrollt, wie ein Kätzchen.

Wir hatten an der Table d'hôte ein sehr gutes Dinner, das mit Щи begann, was zu meiner Erleichterung nicht, wie ich befürchtet hatte, immer und notwendig sauer sein muß.

29. JULI (MO.) Ich begann den Tag damit, daß ich einen Plan von Petersburg, ein kleines Wörterbuch und ein Vokabular kaufte. Letzteres wird uns ziemlich sicher sehr nützlich sein – im Verlauf eines Tages (den wir zum großen Teil mit unnützen Besuchen zubrachten) nahmen wir viermal eine Droschke, 2 vom Hotel aus, wo der Portier die Verhandlungen mit dem Fahrer für uns erledigte, aber um die andern 2 mußten wir uns selbst bemühen. Ich gebe eines der einleitenden Gespräche als Beispiel:

Ich: Gostinitsa Klee – (Hotel Klee).
Fahrer: (spricht rasch einen Satz, von dem wir nur die Worte verstehen) Tri groschen – (Drei Groschen – 30 Kopeken?)
I: Dwazat kopeki? (20 Kopeken?)
F: (entrüstet) Trizat! (30)
I: (entschlossen) Dwazat.
F: (schmeichelnd) Dwazat pjat? (25?)
I: (mit der Miene eines Mannes, der gesagt hat, was er zu sagen hat, und die Sache los sein möchte) Dwazat. (Hier nehme ich Liddons Arm, und wir gehen beide weiter, wobei wir uns um das Geschrei des Fahrers nicht kümmern. Nachdem wir ein paar Meter gegan-

Reiterstatue Peters des Großen in St. Petersburg

gen sind, hören wir die Droschke hinter uns herrattern: er hält neben uns an und ruft uns an.)

I: (ernst) Dwazat?

F: (mit einem entzückten Grinsen). Da! Da! Dwazat! (worauf wir einsteigen).

Derartiges ist für ein Mal erheiternd, aber wenn man auf diese Weise in London Wagen mieten müßte, würde es mit der Zeit ein wenig lästig.

Nach dem Essen besuchten wir die Märkte, große Blöcke von Gebäuden, umgeben von kleinen Geschäften unter Kolonnaden. Ich denke, es gab mindestens 40 oder 50 nacheinander, die Handschuhe, Kragen und derartiges verkauften. Wir fanden Dutzende von Geschäften, die Ikonen zum Kauf anboten, von kleinen, unbeholfenen, ein bis zwei Zoll langen Gemälden bis zu ausgearbeiteten, einen Fuß oder mehr hohen Bildern, auf denen alles außer den Gesichtern und Händen aus Gold war. Es wird nicht leicht sein, hier einzukaufen, weil die Ladeninhaber in diesem Stadtteil kaum etwas anderes als Russisch sprechen.

30. JULI (DI.) Wir machten einen großen Spaziergang durch die Stadt; alles in allem vielleicht 15 oder 16 Meilen – die Entfernungen sind hier enorm: Es ist, als ob man in einer Stadt für Riesen umherginge. Wir besuchten die Kathedrale in der Festung, ein großartiger Bau aus Gold, Juwelen und Marmor: eher großartig als schön. Unser Führer war ein russischer Soldat (die meisten offiziellen Angelegenheiten scheinen von Soldaten besorgt zu werden), dessen Erklärungen, in seiner Muttersprache, nicht

besonders nützlich waren. Die Gräber aller Kaiser seit Peter dem Großen (außer einem) sind hier zu finden: alle genau gleich, aus weißem Marmor, mit einem goldenen Ornament an jeder Ecke, einem massiv goldenen Kreuz darauf und der Inschrift auf einer goldenen Tafel. Kein anderer Schmuck.

Über die ganze Kirche verteilt gab es viele Ikonen, vor denen Kerzen brannten, und Büchsen für die Spenden. Ich sah eine arme Frau mit ihrem kranken Kind auf dem Arm zum Bild des heiligen Petrus gehen: Zuerst gab sie dem Soldaten vom Dienst ein Geldstück, das er für sie in die Büchse legte, und dann begann eine lange Reihe von Verneigungen und Bekreuzigungen, wobei sie ständig besänftigend mit ihrem armen kleinen Kind sprach. Man konnte es beinahe an ihrem abgehärmten, bekümmerten Gesicht ablesen, daß sie glaubte, sie könne damit den heiligen Petrus irgendwie bewegen, ihrem Kind zu helfen.

Von der Festung gingen wir hinüber zur Wassilij-Insel und liefen eine gute Weile dort herum: Die Namen der Läden etc. waren fast alle russisch. Um in einem der kleinen Läden, an denen wir vorbeikamen, ein wenig Brot und Wasser zu bekommen, suchte ich darum in meinem Vokabular die beiden Wörter »chleb« und »woda«, und das reichte für das Geschäft aus.

Als ich heute abend in mein Zimmer kam, sah ich, daß für den Morgen kein Wasser da war und kein Tuch – und die aufregende Angelegenheit wurde noch dadurch verschlimmert, daß die Glocke (die einen deutschen Kellner herbeigerufen hätte) das Klingeln verweigerte. In dieser erfreulichen Lage blieb mir nichts anderes übrig, als hin-

St. Peter-und-Pauls-Kathedrale in der Festung von St. Petersburg

unterzugehen, und ich fand einen Diener, der glücklicherweise zu meiner Etage gehörte. Ihn sprach ich hoffnungsvoll auf deutsch an, aber das führte zu nichts: Er schüttelte nur heftig seinen Kopf, so daß ich (nach einem hastigen Blick ins Wörterbuch) gezwungen war, mein Anliegen auf russisch vorzubringen, was ich in einem strengen, einfachen Stil besorgte, ohne jedes überflüssige Wort.

31. JULI (MI.) Unser Reisegefährte, Mr. Alexander Muir, besuchte uns und lud uns ein, anderntags mit ihm nach Peterhof zu fahren (in Begleitung seines Partners) und mit ihm zu essen. Wir brachten den Tag damit zu, die Ermitage (d. h. die Gemäldesammlung im Winterpalast) und das Alexander-Newskij-Kloster zu besuchen.

In der Ermitage, wo wir uns auf die Bilder beschränken wollten, fielen wir in die Hände des Führers, der für die Skulpturen etc. zuständig war und unter Mißachtung jeder Andeutung, daß wir lieber gleich zur Galerie hinaufgehen wollten, darauf beharrte, uns seine Abteilung zu zeigen und seinen Lohn zu verdienen. Es war immerhin eine prächtige Sammlung alter Kunst, von kaum abzuschätzendem Wert.

Die Bilder konnten wir nur zum Teil und in Eile betrachten, aber die Sammlung war, wie die der Skulpturen, unbezahlbar. In einem der großen Räume waren fast nur Murillos – eine wunderschöne »Himmelfahrt der Jungfrau Maria«, ein »Jakobs Traum« (der, der in D'Oyly and Mart abgebildet ist?). Ein anderer Raum war voller Tizians. Da wir keine Zeit für die ganze oder auch nur für die Hälfte der Sammlung hatten, gingen wir weiter zur

Winterpalast in St. Petersburg

Holländischen Schule, um uns Paul Potters »Meisterwerk« anzusehen, ein Bild, das Murray beschrieben hat, das mit außerordentlichem Geschick und Humor auf verschiedenen Feldern Jagdszenen darstellt, mit verschiedenen Arten von Wild, dem Löwen, dem Eber etc. – und am Schluß alle Tiere zusammen, wie die Jäger und ihre Hunde sie angreifen und zur Strecke bringen.

Das Bild, an das ich mich am deutlichsten erinnere, war eine kreisrunde »Heilige Familie« von Raphael, von erlesenster Qualität.

Vom Winterpalast zum Kloster nahmen wir eine Droschke. Hier konnten wir nur die Kirche sehen, die große Schätze an Gold, Silber und Edelsteinen birgt, in Form von Reliquienschreinen etc. Wir blieben zum Abendgottesdienst, der dem in der Isaaks-Kathedrale sehr ähnlich war, obwohl natürlich mit einer sehr kleinen Gemeinde.

1. AUG. (DO.) Ungefähr um ½ 11 holte Mr. Merrilies uns ab und opferte mit wirklich bemerkenswerter Freundlichkeit den ganzen Tag, um mit uns nach Peterhof zu fahren, eine Entfernung von ungefähr 20 Meilen, und uns den Ort zu zeigen. Wir fuhren mit dem Dampfschiff den gezeiten- und salzlosen Finnischen Meerbusen hinab: das erste Merkmal gilt für die ganze Ostsee, das zweite für einen großen Teil davon. Der Teil, den wir über eine Strecke von ungefähr 15 Meilen von Küste zu Küste kreuzten, ist sehr seicht, teilweise nur 6 bis 8 Fuß tief, und er friert jeden Winter mit zwei Fuß dickem Eis zu, das, wenn es mit Schnee bedeckt ist, eine feste Ebene bildet, die regelmäßig

befahren und begangen wird – obwohl die riesige Entfernung, ohne Unterkunfts- und Verpflegungsmöglichkeiten, für ungenügend ausgerüstete Fußgänger gefährlich ist. Mr. Merrilies hat uns erzählt, daß einer seiner Freunde, als er im letzten Winter hinüberging, an den Leichen von 8 Personen vorbeikam, die erfroren waren … Unterwegs hatten wir eine gute Aussicht auf die Küste von Finnland und auf Kronstadt … Als wir in Peterhof an Land gingen, wartete dort Mr. Muirs Wagen auf uns, und wir besichtigten in seiner Begleitung, immer wieder einmal zu Fuß, wo der Wagen nicht durchkam, die Anlagen von zwei Zarenschlössern mit vielen kleinen Sommerhäusern, von denen jedes einzelne schon einen sehr guten Wohnsitz abgeben würde, da sie alle, obwohl klein, in jeder Hinsicht so eingerichtet und ausgeschmückt waren, wie guter Geschmack es wünschen und Reichtum bewerkstelligen kann. Ich glaube, daß die Gärten, was vielfältige Schönheit und vollendete Übereinstimmung von Natur und Kunst betrifft, denjenigen von »Sanssouci« überlegen sind. An jeder Ecke, am Ende jeder Allee, jedes Wegs, wo immer sich eine Statue einigermaßen wirkungsvoll aufstellen läßt, stand auch wirklich eine aus Bronze oder aus weißem Marmor – manche von ihnen in einer halbrunden Nische mit blauem Hintergrund, von dem sich die Figur plastisch abhob. Wir entdeckten da eine Folge von in Stein gehauenen Brüstungen, über die in Strömen Wasser hinabrann – da einen langen Pfad, der über Abhänge und Treppen hinunterführte und in seiner ganzen Länge mit Spalieren und Schlingpflanzen überdacht war – da einen gewaltigen Felsbrocken, aus dem, so wie er dalag, ein riesiger Kopf mit

Peterhof bei St. Petersburg

Gesicht herausgehauen war, mit milden, sphinxhaften Augen, als ob ein begrabener Titan sich um seine Befreiung bemühte – da einen Brunnen, so kunstvoll aufgebaut aus in Kreisen gesetzten Röhren, von denen jeder das Wasser höher schießen ließ als der an seiner Außenseite, daß eine solide Pyramide aus glitzerndem Sprühregen entstand – da einen Rasen, den man durch eine Lichtung im Gehölz unter uns sehen konnte, von Bändern von scharlachroten Geranien durchzogen, die aus der Ferne aussahen wie ein riesiger Korallenzweig – und da und dort lange Alleen, die sich in alle Richtungen erstreckten, manchmal drei bis vier nebeneinander und manchmal wie ein Stern ausstrahlend und so weit sich in die Ferne dehnend, daß das Auge beinahe müde wurde, ihnen zu folgen.

Das alles wird eher dazu dienen, mich an das, was wir gesehen haben, zu erinnern, als irgendeinen Begriff davon zu geben.

Wir sagten auf unserem Weg zum Mittagessen nur eben guten Tag im Haus und fanden dort Mrs. Muir und ein paar reizende kleine Kinder und gingen dann ungefähr um 5 noch einmal hin und trafen auch Mr. Muir. Es kamen noch andere Freunde zum Essen, und wir kehrten schließlich mit dem unermüdlichen Mr. Merrilies nach Petersburg zurück, der die vielen Dienste, die er uns den Tag über erwiesen hatte, damit krönte, daß er uns eine Droschke verschaffte und den unvermeidlichen Handel mit dem Fahrer erledigte, ein Unterfangen, an dem wir wohl verzweifelt wären im Dunkeln, in einem Gedränge von Fahrern und in einem Babel von unfeinen Verlautbarungen.

2. AUG. (FR.) Wir nahmen den 2.30-Zug nach Moskau, wo wir ungefähr um 10 am nächsten Morgen ankamen. Wir nahmen »Schlafkarten« (2 Rubel extra), die den Schaffner dazu veranlaßten, ungefähr um 11 Uhr nachts hereinzukommen und einen umständlichen Beschwörungszauber vorzuführen: Was die Rückenlehne gewesen war, drehte sich nach oben und wurde zu einer Bank; Sitze und Armlehnen verschwanden; Polster und Kissen kamen zum Vorschein – und schließlich legten wir uns auf die besagten Bänke, die sich in bequeme Betten verwandelt hatten. Auf dem Boden hätten drei weitere Schläfer Platz gehabt, aber glücklicherweise tauchte keiner auf. Ich blieb bis ungefähr ein Uhr morgens auf und war meistens der einzige Benutzer der äußeren Plattform am Ende des Wagens: Sie hatte ein Geländer und ein Dach, und man hatte eine herrliche Aussicht über die Gegend, die wir durchflogen – der Nachteil war, daß das Rütteln und der Lärm viel schlimmer waren als drinnen. Der Schaffner kam hin und wieder heraus, und er hatte, solange es dunkel war, nichts gegen meine Anwesenheit einzuwenden – vielleicht fühlte er sich einsam. Als ich es aber am nächsten Morgen wieder versuchte, hatte er alsbald einen despotischen Anfall und trieb mich in den Wagen zurück.

In Moskau warteten ein Wagen und Träger des »Hôtel Dusseaux« auf uns, zu dem wir unterwegs waren.

Wir wanderten 5 oder 6 Stunden lang durch diese wunderbare Stadt, eine Stadt aus Weiß mit grünen Dächern, mit konischen Türmen, die einer aus dem andern emporsteigen wie ein verkürztes Teleskop; mit bauchigen vergoldeten Kuppeln, in denen man wie in einem

Basilius-Kathedrale in Moskau

Spiegel verzerrte Bilder der Stadt sieht; mit Kirchen, die von außen wie Sträuße verschiedener Kakteen aussehen (einige Zweige mit grünen stachligen Knospen besetzt, andere mit blauen, andere mit roten und weißen) und innen rundum mit Ikonen und Lampen behängt und bis zum Dach mit beleuchteten Bildern tapeziert sind; und schließlich mit einer Pflasterung, die auf und ab geht wie ein gepflügter Acker; und mit Droschkenkutschern, die heute 30 Prozent extra bezahlt haben wollen, »weil die Kaiserin Geburtstag hat«.

Nach dem Dinner fuhren wir zu den »Sperlingsbergen«, von denen wir eine großartige Aussicht auf den Wald von Kirchtürmen und Kuppeln hatten, davor die Moskwa, die sich daran vorbeiwindet – die Berge, von denen Napoleons Armee ihren ersten Blick auf die Stadt warf.

4. AUG. (SO.) Am Vormittag suchten wir lange und vergeblich die Englische Kirche. Nachher ging ich allein und stieß zum Glück auf einen russischen Herrn, der englisch sprach und so freundlich war, mich hinzubringen. Mr. Penny, der Geistliche, war zu Hause, ich überreichte ihm ein Empfehlungsschreiben von Burgon und wurde von ihm und von seiner Frau sehr herzlich empfangen.

Liddon kam mit mir dorthin zum Abendgottesdienst, und wir verbrachten den Abend mit ihnen und bekamen viele nützliche Hinweise, unsere Pläne hier betreffend, und das freundliche Anerbieten, uns beim Einkaufen von Antiquitäten etc. zu helfen.

5. AUG. (MO.) Den ganzen Tag Stadtbesichtigung. Es fing damit an, daß wir um 5 aufstanden und zum Sechsuhrgottesdienst ins Petrow-Kloster gingen, es war der Jahrestag der Weihe und darum ein besonders prachtvolles Ereignis. Die Musik und der szenische Effekt waren überaus schön, aber die Zeremonie war für mich zum großen Teil unverständlich. Bischof Leonid (?) war da und übernahm die Hauptrolle bei der Kommunion, an der ein Kind teilnahm, aber niemand sonst von der Gemeinde. Es war ein sehr interessanter Anblick, als der Gottesdienst vorbei war und der Bischof, nachdem er vor dem Altar seiner prächtigen Gewänder entledigt worden war, in einem einfachen schwarzen Talar zum Vorschein kam, während das Volk sich an ihn herandrängte, um seine Hand zu küssen.

Als es nach dem Frühstück so aussah, als ob es den Tag über ständig regnen würde, beschlossen wir, uns auf die Besichtigung von Innenräumen zu beschränken, von denen man mit bloßen Worten unmöglich einen angemessenen Eindruck geben kann. Wir begannen mit der Basilius-Kathedrale, die innen so seltsam (beinahe grotesk) ist wie außen und vom zweifellos abscheulichsten Führer gezeigt wird, den ich je angetroffen habe. Seine ursprüngliche Idee war die, daß wir in einem Tempo von ungefähr 4 Meilen pro Stunde durch die Kirche gehen sollten. Als er sah, daß es nicht möglich war, uns in diesem Tempo vorwärts zu bringen, verfiel er darauf, mit seinen Schlüsseln zu rasseln, lärmend herumzufuchteln, laut zu singen, uns heftig auf russisch zu beschimpfen – kurz, alles zu tun, außer uns beim Kragen zu packen und mitzuschleppen. Mit schierer Hartnäckigkeit und zweckdienlicher Taubheit brachten wir es fertig, die Kirche oder eher die Gruppe von Kirchen unter einem Dach einigermaßen bequem zu besichtigen. Jede hatte ihre Eigenart, aber die goldene Ikonostase und die beleuchteten Fresken, die die Wände bis zum Dach bedecken, waren allen gemein.

Als nächstes gingen wir zur Schatzkammer und besichtigten Throne und Kronen und Juwelen – bis es uns schließlich so vorkam, als wären diese drei Artikel vielleicht weiter verbreitet als Brombeeren. Über einige der Throne etc. waren die Perlen buchstäblich niedergeprasselt wie Regen.

Dann wurden wir durch den Palast geführt, nach dem einem wohl alle anderen Paläste winzig und armselig erscheinen müssen. Ich maß einen der Empfangsräume mit Schritten aus und kam auf 80 Ellen, und ich denke er muß 25 oder 30 breit sein. Es gab mindestens zwei von dieser Größe und viele andere große Räume – alle hoch, alle kunstvoll verziert, von den mit Satinholz eingelegten Böden etc. bis hinauf zu den mit Fresken bemalten Decken – alles verschwenderisch vergoldet – die Wohnräume mit Seide und Satin ausgeschlagen statt mit Papiertapeten – und alles möbliert und dekoriert, als ob der Reichtum des Besitzers schlicht grenzenlos wäre. Von dort gingen wir zur Sakristei, die, außer einem unsäglichen Reichtum an Gewändern, dicht besetzt mit Perlen und Edelsteinen, Kruzifixen und Ikonen, drei riesige Silberkessel enthält, in denen das heilige Öl zubereitet wird, das man für die Taufe braucht und das von hier aus in die 16 Bistümer verschickt wird ... Nach dem Abendessen gingen wir wie verabredet zu Mr. Penny und begleiteten ihn zu einer russischen Hochzeit – es war eine *überaus* interessante Zeremonie.

Es war ein großer Chor aus der Kathedrale gekommen, der einen langen und schönen Choral sang, bevor der Gottesdienst begann – und der Diakon (von der Himmelfahrts-Kathedrale) sprach mehrere rezitative Partien des Gottesdienstes in der wunderbarsten Baßstimme, die ich je gehört habe, wobei er stufenweise (ich würde sagen, jeweils weniger als eine halbe Note) höher wurde und das Klangvolumen in dem Maß verstärkte, in dem er in der Skala aufstieg, bis seine Schlußnote wie ein vielstimmiger Chor durch das Gebäude klang. Ich hätte es mir nicht vorstellen können, daß eine Stimme eine solche Wirkung erzielen kann.

Ein Teil der Zeremonie, die Krönung des Brautpaars, war annähernd grotesk. Zwei prächtige goldene Kronen wurden hereingetragen, die der zelebrierende Geistliche zuerst vor ihnen hin- und herschwenkte und dann auf ihre Köpfe setzte – oder eher, der unglückliche Bräutigam mußte *seine* tragen, aber die Braut, die wohlweislich ihr Haar eher kompliziert mit einem Spitzenschleier arrangiert hatte, konnte ihre nicht auf dem Kopf tragen, sondern ließ sie von einem Freund darüber halten. Der Bräutigam, im einfachen Abendanzug, gekrönt wie ein König, eine Kerze in der Hand und mit einer Miene resignierten Elends, hätte Mitleid erregt, wenn er nicht so lächerlich gewesen wäre. Als die Leute gegangen waren, lud uns der Priester ein, die östliche Apsis der Kirche hinter den goldenen Toren zu besichtigen, und wir wurden schließlich mit einem herzlichen Händeschütteln und mit dem »Frie-

Russisch-orthodoxe Trauung

denskuß« verabschiedet, der auch mir zuteil wurde, obwohl ich in Laienkleidung war. Wir verbrachten den Rest des Abends mit unseren Freunden Mr. und Mrs. Penny.

6. AUG. (DI.) Mr. Penny begleitete uns freundlicherweise zum Dwor (oder Markt), um uns zu zeigen, wo wir die besten Ikonen bekommen können. Vorher waren wir auf den Iwan-Turm gestiegen und hatten einen wunderbaren Blick auf Moskau, das sich um uns herum nach allen Seiten ausbreitete, mit seinen spitzigen Türmen und goldenen Kuppeln, die in der Sonne glänzten.

Um halb sechs brachen wir mit den beiden Wares nach Nishnij Nowgorod auf und fanden, daß die Expedition die Unbequemlichkeiten, die wir vom Anfang bis zum Ende zu erdulden hatten, durchaus wert war. Unsere Freunde brachten ihren »commissionnaire« mit, der französisch und russisch spricht und uns bei den Einkäufen auf der Ausstellung sehr nützlich war. Schlafwagen sind auf dieser Strecke ein unbekannter Luxus, so daß wir uns, so gut wir konnten, mit den gewöhnlichen Zweitklasswagen behelfen mußten. Ich schlief auf dem Hin- und auf dem Rückweg auf dem Boden. Das einzige, was dazu beitrug, Abwechslung (ich kann kaum sagen Erleichterung) in eine Reise zu bringen, die von 7 Uhr abends bis zum Nachmittag des nächsten Tages dauerte, war, daß wir aussteigen und auf einer behelfsmäßigen Fußgängerbrücke über einen Fluß gehen mußten, weil die Eisenbahnbrücke weggeschwemmt worden war. Das zwang 200 oder 300 Reisende, ungefähr eine Meile weit zu Fuß durch einen Platzregen zu gehen. Ferner hielt ein Unfall unseren Zug auf, und das Resultat von all dem war, daß uns etwa 2 ½ Stunden Zeit für die Weltausstellung geblieben wären, wenn wir an unserem Plan, am gleichen Nachmittag zurückzukehren, festgehalten hätten. Wir waren uns einig, daß das bei all der Mühe und den Ausgaben, die wir gehabt hatten, sinnlos ist und daß wir uns Unterkunft besorgen und bis zum nächsten Tag bleiben sollten. So gingen wir zum Smernowaja-Hotel (oder irgendein ähnlicher Name) – ein durch und durch abscheulicher Ort, obwohl zweifellos der beste in der Stadt. Die Verpflegung war sehr gut, alles andere sehr schlecht. Es war ein gewisser Trost, zu sehen, daß wir beim Dinner ein Gegenstand des lebhaftesten Interesses für die 6 bis 7 Kellner waren, die sich, alle in weiße, um die Taille gegürtete Kittel und weiße Hosen gekleidet, in einer Reihe aufstellten und gebannt die Sammlung seltsamer Tiere anstarrten, die da beim Essen waren … Hin und wieder gemahnte sie ihr Gewissen daran, daß sie damit ihren wichtigen Lebenszweck als Kellner nicht erfüllten, und sie eilten bei diesen Gelegenheiten alle ans andere Ende des Raumes, um sich an einer großen Schublade zu schaffen zu machen, die nichts als Messer und Gabeln zu enthalten schien. Wenn wir irgend etwas verlangten, schauten sie sich zuerst entsetzt an – wenn sie dann festgestellt hatten, wer den Befehl am besten verstanden hatte, folgten sie alle seinem Beispiel, was immer hieß, daß sie sich an der großen Schublade zu schaffen machten … Den größten Teil des Nachmittags brachten wir damit zu, in der Ausstellung herumzugehen und Ikonen zu kaufen etc.

Es war ein wunderbarer Ort. Es gab hier nicht nur verschiedene Stadtteile für Perser, für Chinesen und ande-

Der Iwan-Turm im Moskauer Kreml

re, sondern wir begegneten auch ständig seltsamen Wesen mit ungesunder Gesichtsfarbe und unerhörten Kostümen. Die Perser mit ihren sanften, intelligenten Gesichtern, weit auseinanderliegenden großen Augen, mit ihrem schwarzen Haar und ihrer gelbbraunen Haut, gekrönt mit einem schwarzen wollenen Fez, irgendwie wie ein Grenadier, waren wohl die malerischsten von allen, die wir trafen – aber alle Neuigkeiten des Tages wurden in den Schatten gestellt durch unser Abenteuer bei Sonnenuntergang, als wir zur Tataren-Moschee (der einzigen in Nishnij) kamen, genau in dem Augenblick, als einer aus der Belegschaft aufs Dach hinaustrat, um den * oder Ruf zum Gebet verlauten zu lassen. Sogar wenn das an sich nichts Besonderes gewesen wäre, hätte es uns als etwas Neues und Einzigartiges tief beeindruckt – aber der Schrei als solcher war völlig anders als alles, was ich je vorher gehört hatte. Der Anfang jedes Satzes wurde in einer raschen Eintönigkeit hervorgestoßen und erhob sich dann aufs Ende hin stufenweise, bis er in ein schrilles Wimmern überging, das über unseren Köpfen unbeschreiblich traurig und gespenstisch durch die stille Luft glitt: Nachts hätte es einen wohl durchschauert wie der Schrei der Todesfee.

Jetzt kamen, dem Ruf folgend, die Gläubigen herbeigeströmt, die alle ihre Schuhe auszogen: Der oberste Geistliche erlaubte uns, beim Eingang stehen zu bleiben und zuzuschauen. Die Andachtsübung schien darin zu bestehen, daß man sich mit dem Gesicht nach Mekka aufstellte, plötzlich niederkniete und dann den Teppich mit

---

* Diese Lücke steht im Original. – *McD.*

der Stirn berührte, sich ein- bis zweimal wieder erhob und noch einmal von vorn anfing, dann wieder für ein paar Minuten reglos dastand und so fort. Auf dem Heimweg besuchten wir eine Kirche, in der gerade die Abendandacht gehalten wurde, mit all den üblichen Begleiterscheinungen wie Ikonen, Kerzen, Kreuzschlagen und Sich-Verneigen etc.

Am Abend ging ich mit dem jüngeren der beiden Wares ins Theater von Nishnij, das das schlichteste war, das ich je gesehen habe – sein einziger Schmuck im Innern war weiße Tünche. Es war sehr groß und zu weniger als einem Zehntel voll, somit also bemerkenswert kühl und bequem. Die Vorstellung, ganz auf russisch, war ein wenig zu schwierig für uns, aber wir arbeiteten uns in den Pausen mit Hilfe eines Taschenwörterbuchs so fleißig durch den Programmzettel hindurch, daß wir schließlich einigermaßen deutlich begriffen, worum es ging. Das erste und beste Stück war »Aladdin mit der Wunderlampe«, eine Burleske, die zum Teil wirklich erstklassig gespielt war und auch sehr gute Gesangs- und Tanzeinlagen bot. Ich habe nie Schauspieler gesehen, die sich so sehr auf das Stück und auf die anderen Schauspieler bezogen und so wenig ins Publikum blickten. Der, der den »Aladdin« spielte, ein gewisser »Ленскій«*, und eine der Darstellerinnen in einem anderen Stück, die »Соронина«** hieß, waren wohl die besten. Die anderen Stücke waren »Kotschin-China« und »Die Tochter des Husaren«.

7. AUG. (MI.) Nachdem wir die Nacht auf Betten zuge-

---

* Lenskij ** Soronina

bracht hatten, die aus Brettern bestanden und mit einer ungefähr einem Zoll dicken Matratze, einem Kissen, einem Leintuch und einer Steppdecke ausgestattet waren, und nach einem Frühstück, dessen Hauptbestandteil ein großer, köstlich schmeckender, beinahe grätenloser Fisch namens Stör war, besuchten wir die Kathedrale und den Minin-Turm. In der Kathedrale war gerade große Messe, und das weiße Gebäude voll von Militär: Wir warteten eine Weile und hörten ausgezeichneten Gesang.

Vom Minin-Turm aus hatten wir eine prachtvolle Aussicht über die ganze Stadt und über die Wolga, die sich in Windungen in der trüben Ferne verlor. Nach einem weiteren Besuch des Dwor machten wir uns ungefähr um 3 Uhr auf den Heimweg, womöglich noch unbequemer als der Hinweg, und kamen müde, aber begeistert von allem, was wir gesehen hatten, ungefähr um 9 Uhr morgens wieder in Moskau an.

9. AUG. (FR.) Das einzige große Ereignis des Tages (wieder in Gesellschaft der Wares) war unser Besuch im Semjonow-Kloster, wo wir vom Turm aus, den wir nach unserer Zählung über 380 Stufen bestiegen hatten, eine nähere und meiner Meinung nach bessere Aussicht über Moskau hatten als von den Sperlingsbergen aus. Wir besuchten die Kapellen, die Friedhöfe und den Speisesaal: Die Kapellen waren sehr schön mit Fresken etc. geschmückt, und in einer von ihnen war ein seltsames, beinahe groteskes Bild vom Balken und vom Splitter. Wir kosteten das braune Brot der Mönche, das durchaus genießbar, wenn auch nicht verlockend war … Der ältere der Wares begleitete mich am

Abend ins Moskauer »Kleine Theater« – in Wirklichkeit ein großes, stattliches Gebäude. Das Publikum war sehr gut, und die Stücke »Die Hochzeit des Bürgermeisters« und »Das Geheimnis einer Frau« erhielten großen Beifall, aber keines gefiel mir so gut wie »Aladdin«. Es war alles auf russisch.

10. AUG. (SA.) Wir verbrachten den Vormittag mit Besuchen, um unsere Empfehlungsbriefe abzugeben, trafen aber nirgendwo jemanden an. Am Nachmittag fuhren wir zum Petrow-Palast und gingen dort im Park herum. Der Palast ist grell rot und weiß – das Ergebnis ist entschieden häßlich. Auf dem Rückweg kopierte ich die Inschrift im Turm über dem Tor, durch das man den Park betritt:

PIAE MEMORIAE
ALEXANDRI I
Ob Restitutam E Cineribus
Multisque Paternae Curae Monumentis Auctam
Antiquam Hanc Metropolin
FLAGRANTE BELLO GALLICO ANNO MDCXII
FLAMMIS DATAM.

Wir aßen bei Mr. Penny mit Mr. und Mrs. Combe und ihrer Nichte Miss Nathalie, gingen nachher alle miteinander zum Semjonow-Kloster und hörten einen sehr langen, aber sehr schönen Gottesdienst, der ein für mich neues Element enthielt: Der oberste Geistliche brachte das Evangelium und hielt es hin, während alle andern und dann alle Möche zu zweit nach vorn kamen, um es zu küssen. Er legte es dann auf ein Pult und blieb daneben stehen, während die übrige Gemeinde nach vorn kam und zuerst das Buch und dann seine Hand küßte.

11. AUG. (SO.) Am Morgen gingen wir in die Englische Kirche, da Liddon sich verpflichtet hatte, dort zu predigen. Von dort dann mit Mr. Penny zu Bischof Leonid, dem Suffraganbischof von Moskau, dem Liddon vom Fürsten Orlow empfohlen worden war. Wir waren entzückt über unseren Empfang bei ihm und über seine milde, gewinnende Art – die Art von Manieren, bei der einem Besucher augenblicklich wohl wird. Der Besuch muß 1 ½ Stunden gedauert haben, bevor wir uns verabschiedeten, verabredeten wir, morgen miteinander zum Troiza-Kloster zu gehen, in der Hoffnung, daß es möglich sein würde, den Metropoliten, Erzbischof Philaret, zu besuchen. Wir gingen dann zurück, um mit unseren gastlichen Freunden zu essen und sie zum Strastnoj-Kloster zu begleiten, wo die Nonnen das Singen ganz allein besorgen, obwohl natürlich gewisse Partien vom Priester übernommen werden. Vorgelesen aber wurde in jedem Fall von einer Nonne: Es wurde im Verlauf des Gottesdienstes sehr oft gelesen, und manchmal verließen die Nonnen dafür ihre Plätze im Chor und stellten sich im Kreis um die Vorleserin auf. Einige von ihnen sahen ganz jung aus: Eine, möchte ich glauben, kann noch nicht 12 gewesen sein. Die musikalischen Partien des Gottesdienstes schienen mehr oder weniger dieselben zu sein wie in den anderen Kirchen, die wir besuchten, aber die Wirkung der unbegleiteten Frauenstimmen war unvergleichlich schön …

Wir nahmen den Tee mit den Pennys und besuchten

In einem Nonnenkloster

dort den Abendgottesdienst; zum Schluß machten wir einen Spaziergang über die Terrasse des Kreml, wo der kühle Abend und die herrliche Aussicht – wir waren von einem vollendeten Panorama schöner Gebäude umgeben – überaus angenehm waren.

12. AUG. (MO.) Ein sehr interessanter Tag. Wir frühstückten um ½ 6 und machten uns kurz nach 7 per Bahn auf den Weg zum Troiza-Kloster. Wir fanden im Bischof, obwohl seine Englischkenntnisse beschränkt waren, einen sehr gesprächigen und unterhaltenden Reisegefährten. Der Gottesdienst in der Kathedrale hatte schon angefangen, als wir dort ankamen, und der Bischof führte uns hinein, durch eine große Menschenmenge hindurch, die das Gebäude zum Bersten füllte, in einen Nebenraum, der zum Chor führte. Dort blieben wir während des Gottesdienstes und genossen das seltene Privileg, den Geistlichen bei der Kommunion zusehen zu können – eine Zeremonie, für die die Tore des Chors immer geschlossen und die Vorhänge zugezogen sind, so daß die Gemeinde sie nie sieht. Es war eine äußerst umständliche Zeremonie mit vielen Bekreuzigungen und mit Schwenken von Weihrauchfässern vor jedem Gegenstand, den man dazu brauchte, aber auch offensichtlich durchdrungen von wahrhaftiger Andacht. Gegen Ende des Gottesdienstes reichte einer der Mönche eine Platte mit kleinen Broten herum und gab jedem von uns eines: Sie waren gesegnet, und daß sie uns von den Broten gaben, bedeutete, daß wir in ihren Gebeten bedacht worden waren. Als wir die Kathedrale verließen, wurden wir von einem der Mönche durch die Sa-

Prozession in der Kirche

Troiza-Kloster in Moskau

kristei geführt und durch die Räume für das Malen und für die Photographie (eine Anzahl von Knaben wird in diesen beiden Künsten unterrichtet, die ausschließlich für kirchliche Zwecke eingesetzt werden), und wir wurden dabei von einem russischen Herrn begleitet, der mit uns in der Kathedrale gewesen war und uns überaus liebenswürdig die verschiedenen Gegenstände auf französisch erklärte und, als wir Ikonen etc. kaufen wollten, für uns nach dem Preis fragte und das Wechselgeld zählte. Erst als er sich verabschiedet und uns verlassen hatte, entdeckten wir, wer uns so viel Aufmerksamkeit erwiesen hatte – mehr, fürchte ich, als die meisten Engländer Ausländern entgegenbringen würden – Fürst Tschirkow.

Im Malraum fanden wir so viele erlesene Ikonen, zum Teil auf Holz, zum Teil auf Perlmutt, daß die Schwierigkeit nicht so sehr war, zu entscheiden, was wir kaufen, als was wir ungekauft lassen sollten. Wir nahmen schließlich jeder drei, eine Beschränkung, eher durch Zeitknappheit als durch irgendwelche vernünftigen Überlegungen bedingt.

Die Sakristei war eine reine Goldgrube – Juwelen, Stickereien, Kreuze, Kelche etc. Wir sahen dort den berühmten polierten und als Ikone gefaßten Stein, dessen Schichtung, scheinbar wenigstens, das Bild eines Mönchs zeigt, der vor einem Kruzifix betet. Ich betrachtete ihn sorgfältig, konnte aber durchaus nicht an die Natürlichkeit eines derart komplizierten Phänomens glauben.

Am Nachmittag gingen wir zum Palast des Erzbischofs und wurden ihm von Bischof Leonid vorgestellt.

Der Erzbischof sprach nur russisch, so daß das Gespräch zwischen ihm und Liddon (ein äußerst interessantes, das mehr als eine Stunde dauerte) auf eine sehr originelle Art geführt wurde – der Erzbischof sagte etwas auf russisch, das der Bischof ins Englische übersetzte: Liddon antwortete dann auf französisch, und der Bischof wiederholte dem Erzbischof die Antwort auf russisch. So daß es für ein Gespräch, das sich nur zwischen zwei Personen abspielte, drei Sprachen brauchte

Der Bischof hatte freundlicherweise einen Theologiestudenten, der französisch sprach, kommen lassen, um uns herumzuführen, was er mit größtem Eifer tat; er zeigte uns unter anderem die unterirdischen Zellen der Eremiten, in denen einige von ihnen viele Jahre leben. Man zeigte uns die Türen von zwei der bewohnten: Es war ein seltsames und nicht ganz gemütliches Gefühl in dem dunklen engen Gang, in dem jeder eine Kerze tragen mußte, zu wissen, daß dahinter ein Mensch lebt mit nichts als einer kleinen Lampe, die ihm Licht gibt, in Einsamkeit und Schweigen Tag und Nacht …

Wir fuhren in Begleitung des Bischofs mit einem späten Zug zurück, nach einem der eindrücklichsten Tage unserer Reise.

Beim Dinner im Troiza-Gasthaus gelang es uns, zwei russische Spezialitäten zu bekommen: eine Art bitteren Wein aus den Beeren der Eberesche, von dem man vor dem Essen ein Glas nimmt, um den Appetit anzuregen. Man nennt ihn »Phokoe« (Ribinow)*. Die andere war die

* Gemeint ist »Rjabinowka« – *Anm. d. Hg.*

Suppe »Щи« (schtschi), mit der üblichen Zutat von einem Krug Sauerrahm zum Hineinrühren.

13. AUG. (DI.) Der Tag der »Wasserweihe«, eine große Zeremonie, die teils in der Kathedrale, teils am Fluß stattfindet. Der Gottesdienst begann um 9, und weil ich erst um ½ 10 fertig angezogen war, ging ich ohne Frühstück. Wir gingen zuerst in die Kathedrale, aber es waren dort so viele Menschen, daß ich gleich wieder hinausging und mich zu denen gesellte, die am Flußufer auf die Prozession warteten. Sie kam erst um 11, und ich wartete dann noch auf ihre Rückkehr. Die Zeremonie am Flußufer konnte ich nicht sehen, aber die Prozession selbst war großartig. Sie begann mit einer Reihe von großen Fahnen – falls man das so nennen darf –, jede von drei Männern getragen: Die Stangen waren ungefähr 15 Fuß hoch, und die Fahne war eher so etwas wie ein rundes Schild, über und über verziert, meistens mit Strahlen am Rand, und in der Mitte mit einem Kreuz oder einer Ikone versehen. Es muß davon 30 oder 40 gegeben haben. Dann kam ein langer Zug von Priestern, Diakonen und anderen Geistlichen, alle in bestickten Chorröcken und anderem Schmuck, einige von ihnen trugen sogar große Ikonen auf der Brust – dann große Kerzen, Ikonen etc. – dann vier Bischöfe in vollem Ornat, mit ihrem Gefolge von Priestern etc. – dann Scharen singender Männer und Knaben in einer Art rot-blauer Uniform. Scharen von Menschen schauten zu, aber alle ganz ordentlich und gutgelaunt: Die einzige Störung, die mir auffiel, wurde von einem Gefäß mit Wasser verursacht, das einer der Diakone am Schluß der Prozession vom Fluß mitbrach-

Große Wasserweihe

te. In einem wilden Aufruhr drängten sich alle, die in der Nähe standen, heran, um es mit ihren Lippen zu berühren; und das Resultat war, daß das Wasser in alle Richtungen ins Publikum spritzte und daß beinahe alles verschüttet wurde. Es war ½ 1, bis ich mein Frühstück bekam.

Der ganze Tag wurde als ein großer Feiertag begangen, und am Nachmittag gingen wir auf den Jahrmarkt. An ihm war nichts typisch Russisches, wenn nicht das Alter der Leute, die sich am entzückenden, aber unintelligenten Vergnügen beteiligten, auf hölzernen Pferden zu reiten, die vom Rand eines großen waagrechten Rades herabhingen. Gesetzte Männer mittleren Alters, einige von ihnen Soldaten in Uniform, konnte man rittlings auf den Kreaturen sitzen sehen, die einmal wie Pferde ausgesehen haben müssen, wobei sie versuchten sich einzureden, daß es ihnen Spaß macht. Es gab verschiedene kleine Zirkusse etc., die außen mit großen Bildern bemalt waren, auf denen man Leute sehen konnte, die Dinge anstellten, die äußerst schwer auszuführen gewesen wären, sogar dann, wenn ihre Arme und Beine nicht, wie das bei den meisten der Fall war, so dargestellt gewesen wären, als ob sie völlig verrenkt seien. Und es gab Buden, in denen ein Essen verkauft wurde, das darauf schließen ließ, das passende Essen für einen Festtag sei roher Fisch mit getrockneten Bohnen.

Am Abend gingen wir in den Zoo, wo wir, nachdem wir die Vögel und die wilden Tiere besichtigt hatten, uns unter die Bäume setzten, umkränzt von bunten Lampen, und den »Tiroler Sängern« zuhörten, die eine sehr erfreuliche Vorstellung gaben.

14. AUG. (MI.) Am Vormittag gingen wir auf die Bank und zum Dwor. Wir aßen in einer Moskauer Kneipe ein typisches russisches Essen mit russischem Wein. Hier die Rechnung:

Супъ и пирошки	(sup i piraschki)
Поросенокъ	(parasjonok)
Асетрина	(asetrina)
Котлеты	(katlety)
Мороженое	(maroshenoje)
Крымское	(krimskoje)
Кофе	(kofe)

Die Suppe war klar, mit kleingeschnittenem Gemüse und Hühnerbeinen drin, und die »piraschki«, die man dazu aß, waren Pastetchen, die vor allem aus harten Eiern bestanden. Der »parasjonok« war ein Stück kalter Schweinebraten mit einer Sauce, die vermutlich aus zerstoßenem Meerrettich und Sahne bestand. »Asetrina« ist Stör, eine weitere kalte Platte – die »Garnierung« bestand aus Krebsen, Oliven, Kapern und einer Art dicker Tunke. Die Koteletts waren, glaube ich, vom Kalb – »Maroshenoje« ist Sahneeis – das war köstlich: eins aus Zitrone, eins aus schwarzen Johannisbeeren, für mich eine neue Sorte. Der Wein aus der Krim war auch sehr angenehm, tatsächlich war das ganze Essen (mit Ausnahme vielleicht des Stör-Geköchs) sehr gut.

Den Abend brachten wir, wie es uns zur Gewohnheit geworden war, mit unseren gastlichen Freunden Mr. und Mrs. Penny zu Bevor wir dort hingingen, besuchten wir das Strastnoj-Kloster, das einen schönen Friedhof hat.

Unter den Gräbern, die im allgemeinen viel Geschmack und künstlerisches Gefühl beweisen, war eines mit einem Kreuz, das tatsächlich eine brennende Lampe enthielt, die auf beiden Seiten mit Glas geschützt war.

15. AUG. (DO.) Wir frühstückten ungefähr um 6, in der Absicht, mit dem frühen Zug zum Kloster »Neues Jerusalem« zu fahren. Ein Mr. Spier, Freund von Mr. Penny, der unterwegs war zu seinem Haus, das noch weiter draußen lag als das Kloster, hatte sich freundlicherweise anerboten, uns zu begleiten. Wir hatten geglaubt, daß sich das ohne weiteres an einem Tag machen lasse, aber das erwies sich als ein Irrtum.

Die Bahnfahrt dauerte bis ungefähr um 10. Wir mieteten dann einen »tarantas« (so würde ein alter Landauer aussehen, wenn er beinahe zweimal so lang wäre und keine Federung hätte) und holperten so für mehr als 14 Meilen über die schlimmste Straße, die mir je untergekommen ist. Sie strotzte von ausgefahrenen Furchen und Gräben und tiefem Schlamm, und die Brücken bestanden aus rohen Scheiten, irgendwie aneinandergefügt. Sogar mit 3 Pferden brauchten wir für die Strecke beinahe 3 Stunden.

Unterwegs folgten wir der Anregung, die, soviel ich weiß, Mr. Muir gegeben hatte: nämlich in einer Bauernhütte nach Brot und Milch zu fragen, als Vorwand für einen Einblick ins Innere und in die Lebensweise der Leute. In der Hütte, in der wir vorsprachen, lebten zwei Männer, eine alte Frau und 6 oder 7 Knaben verschiedenen Alters. Das schwarze Brot und die Milch waren sehr gut, und es war sehr interessant, mit eigenen Augen die Behausung eines russischen Bauern zu sehen. Ich versuchte, Skizzen zu machen, eine vom Innern und eine vom Äußeren: Für die letztere ließen wir 6 von den Knaben und ein kleines Mädchen eine Gruppe bilden; es wäre eine großartige Szene zum Photographieren gewesen, überstieg aber wohl meine Möglichkeiten im Zeichnen.

Wir erreichten das Dorf beim Kloster erst ungefähr um 2, und es stellte sich dann heraus, daß wir, wenn wir heute nacht wieder nach Moskau zurückkommen wollten, bereits um 3 wieder aufbrechen müßten. Wir besuchten darum in Eile die Kirche des »Heiligen Grabes« und schickten von dort aus eine Nachricht zur Post, daß die frischen Pferde angeschirrt werden sollten, die dort, wie man uns gesagt hatte, für uns bereitstehen würden. An diesem Punkt aber scheiterten unsere Pläne; als wir zur Post zurückkamen, war nichts für die Rückkehr vorbereitet – es gab keine frischen Pferde, sondern nur die müden, die uns hergebracht hatten, und der Kutscher und alle, die dabeistanden, waren sich einig darin (in lärmigem Russisch, das außer Mr. Spier niemand verstehen konnte), daß nichts zu machen sei. So ergaben wir uns in unser Schicksal und baten Mr. Spier, mit uns ins Hotel zu kommen und Essen, Tee, Betten und um 3 Uhr morgens ein Frühstück zu bestellen. Er versicherte uns, daß im ganzen Ort kein Mensch zu finden sei, der ein Wort von irgend etwas außer auf russisch weiß, und als er wegfuhr und uns beim Hoteleingang zurückließ, fühlten wir uns sicher verlassener und mehr wie Robinson Crusoe als je zuvor auf unserer Reise. Wir gingen, geführt von einem Hoteldiener, zum Kloster, wo er

Russische Bauern

uns einem russischen Mönch übergab – ein Originalexemplar, dem alle anderen Sprachen unbekannt waren. Ihm führte ich einen Satz aus meinem russischen Wortschatz vor, der besagen sollte: »Ist da irgend jemand, der Deutsch, Französisch oder Englisch spricht?« Dieser kleine Satz war der Wendepunkt in unserem Schicksal – wir wurden sofort einem anderen Mönch vorgestellt, der ein seltsames, aber ziemlich verständliches Französisch sprach, und er stellte sich sehr liebenswürdig zu unserer Verfügung – man könnte beinahe sagen, für den Rest des Tages.

Er zeigte uns die ganze Kirche des »Heiligen Grabes«, die vor allem interessant ist, weil sie eine genaue Kopie derjenigen in Jerusalem ist, und auch die Bibliothek und die Sakristei, alles sehr interessant, aber nichts Besonderes oder Einzigartiges, außer der Imitation eines Straußeneis, die wir in der Sakristei entdeckten. Wenn man durch ein Loch an einem Ende hindurch ins Licht blickte, sah man die beinahe körperhaft aussehende farbige Darstellung einer Frau, die vor einem Kreuz kniet. Es war dann Zeit, zum Essen ins Hotel zurückzugehen, was wir taten, nachdem wir zuerst mit unserem freundlichen Führer vereinbart hatten, daß wir nach ihm fragen würden, wenn wir zurückkämen.

Bei unserer Rückkehr führte uns der Mönch in sein Haus, wo wir statt einer Zelle mit Schädel, gekreuzten Gebeinen etc. ein bequemes Wohnzimmer vorfanden, in dem eine Teegesellschaft stattfand, die aus zwei Damen, Mutter und Tochter, und einem Herrn bestand, der wohl der Vater war. Die ältere Dame sprach ziemlich gut Französisch und die jüngere ausgezeichnet Englisch. Sie erzählte uns, daß sie in einem der »Gymnasien« Moskaus Französisch unterrichte, und sie war offensichtlich sehr gebildet und klug. Es war sehr angenehm, mit einem Mal in solcher Umgebung zu sein, aber so plötzlich und unerwartet, daß es beinahe wie ein Traum war. Nach dem Tee wurden wir von der ganzen Gesellschaft durchs Kloster geführt, und man zeigte uns die Räume, die von der Zarenfamilie bewohnt werden, wenn sie, was gelegentlich der Fall ist, den Ort besucht. Unter anderem sahen wir »Bethlehem«, eine Klause, die derjenigen nachgebildet ist, die auf dem Fleck steht, auf dem unser Herr geboren sein soll. Der Mönch ging dann mit uns durch den Wald, um uns die »Ermitage« zu zeigen, in die sich Nikon während seiner freiwilligen Verbannung zurückzogen hatte. Auf dem Rückweg kauften wir in einer Art Laden am Eingang, der von Mönchen betrieben wird, kleine Kopien der »Madonna mit den drei Händen«, eine großartige Ikone, die in einer der Kapellen zu sehen ist, gemalt in Erinnerung an eine Vision, in der sich die Jungfrau Maria zeigte wie auf der Ikone: mit einer dritten Hand und einem dritten Arm, der von unten hereinwächst.

Im Wald sahen wir den »Jordan«, den »Teich von Bethesda«, ein kleines Haus mit einem richtigen Teich in der Mitte und Stufen, die zu ihm hinabführten, und ein weiteres kleines Haus oder Heiligtum, das die »Quelle von Samaria« genannt wurde – aber die Ermitage war wunderbarer als alles, was wir vorher gesehen hatten. Von außen sieht sie aus wie ein kleines Haus, enthält aber eine große Anzahl von Zimmern, die so winzig sind, daß sie diesen Namen kaum verdienen, verbunden durch niedrige Gänge und Wendeltreppen: Das Schlafzimmer ist ungefähr sechs Fuß lang und breit; das Bett, das aus Stein ist und einen Stein als Kissen hat, ist nur 5 Fuß 9 Zoll lang, und weil es den hinteren Teil des Zimmers ganz ausfüllt, mit einem Loch für die Füße in der Wand, muß der Bischof, der ein großer Mann war, immer in verkrampfter Stellung darin gelegen haben. Das ganze Ding sieht eher wie das Spielzeugmodell eines Hauses als ein wirkliches aus, und das Leben des Bischofs muß eine ständige Qual gewesen sein, übertroffen nur von der seiner Diener, die in einem winzigen Keller lebten, in den man durch eine ungefähr vier Fuß hohe Türe kam und in den kaum ein Schimmer Tageslicht fiel.

Der Rest der Gesellschaft stieß im Wald wieder zu uns und ging mit uns zurück, und wir nahmen bald darauf mit großem Dank für ihre Freundlichkeit Abschied von unseren neuen Freunden und kehrten in unserem vorherigen verzweifelten Zustand ins Hotel zurück, weil wir wußten, daß niemand dort etwas anderes als Russisch spricht.

Aber einmal mehr war das Glück uns günstig: Beim Eingang fanden wir den Hausherrn, der uns mit vielen Verbeugungen und Gesten einen russischen Herrn vorstellte, der im Haus abgestiegen war und Französisch sprach. Er besorgte uns sehr freundlich alles, was wir brauchten, und plauderte mit uns bis nach 12. Auch der Hausherr, der ein wenig angeheitert und ziemlich verrückt war, kam ständig herein, um uns die Hand zu schütteln und uns seiner Freundschaft zu versichern. Er war, wie uns der russische Herr erzählte, ein Adliger, wenn auch dritter Klasse, und hatte ein Vermögen von ungefähr einer Million Rubel ver-

Vor einer Poststation

loren, ein Unglück, das ihn um den Verstand gebracht hatte. Unser letztes Gespräch mit ihm fand statt, als er uns unsere Rechnung vorlegte, die er uns jetzt zu bezahlen bat, weil wir am nächsten Morgen so früh aufbrachen. Er schrieb sie mit Bleistift auf einen Fetzen groben Papiers, wobei er schreiend die verschiedenen Posten nannte, als er sie niederschrieb, und gab sie mir dann zum Zusammenzählen. Das tat ich und fügte einen weiteren Posten »за труди«*, »Bedienung«, dazu, und als er das Geld bekam, erhob er sich, verbeugte sich vor der Ikone in der Ecke des Zimmers, wobei er sich bekreuzigte, nahm dann Liddon bei der Hand, küßte ihn auf beide Wangen und küßte dann seine Hand: Ich mußte dann das gleiche liebevolle Lebewohl über mich ergehen lassen, und endlich gab er uns für den bestmöglichen Genuß einer Nachtruhe von 3 ½ Stunden frei, die schließlich durch unseren russischen Freund auf 2 ½ verkürzt wurde, der für eine letzte Plauderei zu uns hereinkam.

16. AUG. (FR.) Wir wurden um 3 geweckt und begaben uns nach dem Frühstück und nachdem wir umsonst auf die Prelodka gewartet hatten, auf die Jagd nach ihr: Wir erwischten sie, als sie aus dem Hof des »Posthauses« kam, und brachen um 4 zu weiteren 3 Stunden Geholper auf – einigermaßen getröstet vom Anblick eines wunderbaren Sonnenaufgangs und der Musik von Pferdeglocken, die zu einem Fuhrwerk gehörten, das uns beinahe den ganzen Weg dicht aufgeschlossen folgte.

---

* Korrekt ist »за труды« – Anm. d. Hg.

In Moskau fanden wir Mr. Penny, der auf Liddon wartete, um ihn zum Abbé * mitzunehmen, mit dem wir ein langes Gespäch hatten. Nachher gingen wir noch einmal zum Dwor und dann zum Findelhaus. Der Direktor war nicht da, und wir konnten darum nicht alles sehen, und viele der älteren Kinder waren auf dem Land – so daß wir kaum etwas anderes zu sehen bekamen als eine lange Reihe riesiger Korridore, voll mit Betten, Krankenschwestern und einer grenzenlosen Zahl von Säuglingen. Die kleinen Kinder schienen alle sauber, gut gehalten und glücklich. Am Abend fuhren wir durch den Petrow-Park und blieben dort eine Weile, um einer Militärkapelle zuzuhören.

17. AUG. (SA.) Der Tag des Jubiläums im Troiza-Kloster, wegen dem wir in Moskau geblieben waren und auf das als eine großartige Sehenswürdigkeit wir uns gefreut hatten – eine Hoffnung, die sich als Enttäuschung erweisen sollte. Bischof Leonid hatte versprochen, uns in die Kirche und in den Nebenraum des Chors mitzunehmen, in dem wir schon einmal gewesen waren, aber wir konnten ihn durchaus nicht finden. Es gelang uns zwar, in die Kirche hineinzukommen, aber wir konnten von dem, was vorging, wenig oder nichts sehen, obwohl wir bis zu einem Raum vorstießen, der dem, in dem wir zuvor gewesen waren, gegenüberlag, so daß ich nach einer Weile wieder hinausging und mich allein auf die andere Seite hinüber begab. Dort gelang es mir, dadurch, daß ich jede Gelegen-

* Leerstelle im Original – *McD.*

heit zum Vorwärtskommen wahrnahm, schließlich genau in den Raum zu kommen, in den der Bischof uns mitzunehmen versprochen hatte. Dort war ich als der einzige in Laienkleidung inmitten einer Schar von Bischöfen und Geistlichen in einer seltsamen Lage. Es war ganz klar, daß ich nicht das geringste Recht hatte, mich dort aufzuhalten – da aber niemand von mir Notiz nahm, blieb ich und hatte eine gute Sicht auf die Bischöfe und auf einige Teile des Gottesdienstes – aber Bischof Leonid erschien nicht: Wir hörten nachher, daß er anderswo einen Gottesdienst gehalten hatte.

Wir taten unser Bestes, den Mißerfolg des Tages dadurch gutzumachen, daß wir ein Kloster besuchten und den großen Turm des Troiza-Klosters bestiegen, von dem aus wir eine prächtige Aussicht hatten, und wir unterschieden mit meinem Teleskop am Horizont eine Gruppe von Türmen, die zu Moskau gehört haben müssen, das 40 Meilen entfernt lag.

18. AUG. (SO.) Wir gingen um 9 zur »Himmelfahrtskirche«, wo Bischof Leonid den Vorsitz führen sollte, und warteten draußen in der Hoffnung, er würde uns mitnehmen; ein Herr besorgte das aber in seinem Namen, bevor er eintraf, und führte uns in den kleinen Raum auf der Südseite des Chors. Liddon blieb den ganzen Gottesdienst, ich aber ging nach der Hälfte weg, um in die englische Kirche zu gehen. Wir aßen mit den Pennys, gingen nach dem Abendgottesdienst zum Tee nach Hause und nahmen den Heimweg durch den Kreml und bekamen so unseren letzten Eindruck von dieser überaus schönen Reihe von

In der Himmelfahrtskirche in Moskau

Gebäuden, vielleicht den schönsten Anblick, den man davon haben kann – eine Flut von kaltem, klarem Mondlicht brachte das reine Weiß der Wände und Türme und die glitzernden Spitzen der vergoldeten Kuppeln in einer Weise zum Leuchten, wie es im Sonnenlicht nie hätte zustande kommen können – denn es könnte die Szene nicht, wie wir es gesehen haben, mitten ins Dunkel setzen.

19. AUG. (M.C.) Beim Frühstück kamen wir mit einem Amerikaner ins Gespräch, der mit seiner Frau und mit seinem kleinen Jungen unterwegs war, und wir empfanden sie als sehr angenehme Leute. Als wir gingen, gab er mir seine Karte – »R.M. Hunt, Membre du Jury International de l'Exposition Universelle de 1867 – Studio B 8, 51 W. 10th St., New York«. Wenn ich je nach New York komme, werde ich mir vielleicht diese geheimnisvolle Adresse erklären können. Wir taten an diesem Morgen kaum etwas anderes, als unsere Abreise vorzubereiten, und um 2 Uhr nachmittags waren wir auf dem Weg nach Petersburg – unsere Freunde vom Pfarrhaus setzten ihren vielen Wohltaten die Krone damit auf, daß sie uns zur Bahn begleiteten und uns zur Erheiterung auf der Reise eine Flasche von ihrem vorzüglichen Kümmel mitgaben.

Wir hatten Schlafwagenkarten, und es war nur noch ein anderer Herr mit uns im Wagen, so daß es bei offenem Fenster auszuhalten gewesen wäre: Weil unser Freund aber (der eine angesehene Persönlichkeit zu sein schien) erkältet war und darum Einspruch erhob und weil das dritte Bett, das natürlich dem Jüngsten, und das heißt dem Schreibenden, zufiel, unbeweglich quer zu den anderen lag, mit dem

Kopf unter dem einen Bett und den Füßen unter dem anderen – zog ich Luft und Ermüdung auf der Plattform am Ende des Wagens der Ruhe und dem Ersticken drinnen vor. Von 5 bis 6 Uhr morgens ging ich hinein und schlief ein wenig, aber das war alles. Vor 10 waren wir wieder im »Gostinitsa Klee«.

20. AUG. (DI.) Nach einem tüchtigen Frühstück ließ ich Liddon, der sich ausruhen und Briefe schreiben wollte, zurück und ging einkaufen etc., als erstes auf einen Sprung zu Mr. Muir an der Galerne uliza No. 61. Ich nahm eine Droschke dorthin, nachdem ich den Preis mit dem Fahrer auf 30 Kopeken heruntergehandelt hatte (er wollte zuerst 40). Als wir am Ziel ankamen, hatten wir eine kleine Szene, eher eine Neuigkeit in meiner Erfahrung im Droschkefahren. Der Fahrer fing damit an, daß er »sorok« (40) sagte, als ich ausstieg: Das war eine Warnung vor dem Sturm, aber ich nahm keine Notiz davon und überreichte ihm in aller Ruhe die 30. Er nahm sie mit Verachtung und Entrüstung entgegen und hielt, wobei er sie mir auf seiner flachen Hand entgegenstreckte, eine wortreiche Ansprache auf russisch, bei der »sorok« die leitende Idee war. Eine Frau, die mit amüsiertem und neugierigem Blick daneben stand, verstand ihn vielleicht. Ich nicht, vielmehr streckte ich einfach meine Hand nach den 30 aus, legte sie in meinen Geldbeutel zurück und gab ihm statt dessen 25. Als ich das tat, fühlte ich mich etwa so wie ein Mann, der in einer Dusche an der Schnur zieht – und die Wirkung war genau so: Seine Wut kochte ungehemmt über und übertraf bei weitem den vorangegangenen Streit.

Russischer Kutscher

Ich sagte ihm in sehr schlechtem Russisch, daß ich ihm vorher 30 angeboten hätte, das aber nicht mehr tun würde: Aber das beruhigte ihn merkwürdigerweise nicht. Mr. Muirs Diener sagte ihm das gleiche in aller Ausführlichkeit, und schließlich kam Mr. Muir heraus und gab ihm kurz und scharf die Substanz davon – aber er konnte es nicht im richtigen Licht sehen. Manchen Leuten kann man es nur schwer recht machen.

Wir aßen in einem vorzüglichen Restaurant, Borrell's in der Großen Morskaja, wo wir ein erstklassiges Essen, inbegriffen eine Flasche Burgunder, für 5 Rubel bekamen.

21. AUG. (MI.) Kurz nach dem Frühstück sprach Graf Pontjatin bei Liddon vor, und als er hörte, daß wir versuchen wollten, die »Ermitage« zu besichtigen, bot er uns äußerst liebenswürdig an, uns dorthin zu begleiten; und er ging mit uns nicht nur in die Galerie, sondern auch in den Winterpalast, in die Räume, die für den Prince of Wales reserviert sind, in die Kapelle etc., die für den gewöhnlichen Besucher nicht zugänglich sind. Diesmal sahen wir einen Teil der Galerie, der uns das letzte Mal entgangen war und der besonders interessant ist – »Ecole Russe«. Es sind dort ein paar wirklich wunderbare Bilder – ein riesiges des »Moses, der in der Wildnis die Schlange emporhebt« von *Bruni*, das, nach einer groben Schätzung, 27 Fuß breit und 18 hoch ist: Die Erhabenheit des Entwurfs und die unendliche Vielfalt im Ausdruck der Schar der Israeliten – Andacht, Schrecken, Verzweiflung, die Verwundeten, die Sterbenden – machen es zu einem vollendeten Epos. Die Figur, die mir am deutlichsten in Erinnerung ge-

blieben ist, ist die eines starken Mannes, der sich in der Mitte des Vordergrunds im Todeskampf wälzt, seine Glieder in die glänzenden Ringe einer Schlange verstrickt. Das stärkste aller russischen Bilder ist aber vielleicht ein Seestück, erst vor kurzem erworben und noch nicht beschriftet: Es stellt einen Sturm dar, den Mast eines gekenterten Schiffs, an den sich ein paar Überlebende klammern, vor ihnen Trümmer, hinter ihnen die Wellen zu Bergen aufgepeitscht und ihre Kämme von der Wut des Windes in fliegende Fetzen von Gischt zerrissen – während das Sonnenlicht schräg durch die höheren Wellen scheint, in einem grünen Glanz, der eine vollkommene Illusion gibt in der Art, in der er *durch* das Wasser zu kommen scheint. Ich habe Ansätze dazu auf anderen Bildern gesehen, aber nie etwas, das so überzeugend gelungen ist.

Am Nachmittag stiegen wir auf die Isaak-Kathedrale und genossen die Aussicht, die wir dort von dieser herrlichen Stadt hatten. Der Wald von weißen Häusern mit grünen und roten Dächern kam im hellen Sonnenlicht wunderbar zur Geltung. Wir aßen im »Dominique« auf dem Newskij und machten nachher eine Fahrt über die Inseln, durch die Wohnviertel der oberen Klassen – schöne kleine Landhäuser mit entzückenden Gärten, die geschmackvoll um sie herum angelegt waren und aus denen man zum Winter hin jede einzelne Blume wird hineinnehmen müssen. Die Straße, die wir entlangfuhren, war offensichtlich eine, die in Mode war – so etwas wie Rotten Row.

22. AUG. (DO.) Um 9 fuhren wir auf Mr. MacSwinneys freundliche Einladung hin nach Kronstadt hinüber, wo wir

einen überaus interessanten Tag verbrachten. Er führte uns zuerst durch die Hafenanlagen und durch das Arsenal, und obwohl wir nicht viel Zeit hatten, bekamen wir doch einen guten Begriff vom Ausmaß, in dem hier gearbeitet wird, und von den Mitteln, die für den Fall eines Krieges zur Verfügung stehen: Im Arsenal (durch das uns der befehlshabende Offizier freundlicherweise führte) sahen wir eine eher seltene Trophäe – eine Kanone, die man den Engländern abgenommen hatte, sie gehörte zum Kanonenboot »Vulture«, das an Land getrieben und so zur Kriegsbeute geworden war. – Dann besuchten wir das »magnetische Observatorium« und wurden dem Leiter, dem Hauptmann Вѣпавенецъ, vorgestellt. Er erklärte uns in einer Art Englisch die Theorie und die Praxis seines Fachs – die, was mich betrifft, ebensogut in *frühem* Slawonisch hätten vorgebracht werden können; die Sache war ganz und gar außer meiner Reichweite – und als wir gingen, schenkte er uns Bücher über das gleiche Gebiet – Bücher, leider auf Russisch. Wir nahmen dann ein Boot und ruderten durch den Hafen, wobei wir einmal an Land gingen, um ein kolossales Dock zu inspizieren, das eben im Bau war; die Wände waren aus soliden Granitblöcken, die an der Außenseite so glatt behauen waren, als ob sie zur Zierde eines Innenraums bestimmt wären; und einer dieser Blöcke wurde eben unter der Leitung eines Offiziers in ein Bett aus Zement gelegt, was nicht ohne viel Geschrei und Aufregung abging. Im Überblick sah der Ort wie ein Ameisenhaufen aus: Hunderte von Arbeitern schwärmten von einem Ende der großen Grube zum anderen – und ein unermüdliches Klingeln von Hämmern kam von allen Sei-

Reede von Kronstadt

ten. Man bekam einen Begriff davon, wie es zugegangen sein muß, als die Pyramiden erbaut wurden. Das Dock wird wohl ungefähr 3 ½ Millionen Rubel kosten.

Nachher stiegen wir auf den Glockenturm von Mr. MacSwinneys Kirche hinauf und hatten einen großartigen Überblick über den Ort. Wir aßen bei ihm zu Hause, wo er uns zurücklassen mußte, weil sein Boot vor unserem abfuhr. Liddon hatte früh am Morgen seinen Mantel zur Aufbewahrung gegeben, und wir mußten ihn, als wir gingen, vom Zimmermädchen, das nur Russisch sprach, zurückverlangen; und weil ich mein Wörterbuch nicht bei mir hatte und das kleine Wörterverzeichnis das Wort »Mantel« nicht enthielt, waren wir in Schwierigkeiten. Liddon führte nun zuerst mit eifrigen Gebärden, einschließlich der, daß er ihn halb auszog, seinen Rock vor. Zu unserem Entzücken schien sie gleich zu verstehen – ging weg und kam nach einer Minute wieder mit – einer großen Kleiderbürste. Daraufhin versuchte Liddon eine weitere, energischere Demonstration; er zog seinen Rock aus, legte ihn ihr zu Füßen, zeigte nach unten (um zu verstehen zu geben, daß der Gegenstand seines Begehrens in den unteren Regionen war), lächelte mit dem Ausdruck von Freude und Dankbarkeit, mit der er ihn entgegennehmen würde, und zog dann seinen Rock wieder an. Wobei von neuem ein Schimmer von Verstehen im nicht hübschen, aber ausdrucksvollen Gesicht der jungen Person aufleuchtete: Sie blieb diesmal viel länger weg und brachte dann zu unserer Betrübnis ein großes Polster und ein Kissen und begann, das Sofa zurechtzumachen für das Schläfchen, das, wie sie nun klar sah, der stumme Herr abhalten wollte. Mir kam ein glücklicher Gedanke, und ich zeichnete rasch eine Skizze, die Liddon vorstellte, der einen Rock anhat und einen zweiten größeren aus den Händen eines gutartigen russischen Bauern entgegennimmt. Die Hieroglyphensprache hatte Erfolg, wo alle anderen Mittel versagt hatten, und wir kehrten nach Petersburg im erniedrigenden Gefühl zurück, daß sich unser Zivilisationsstandard auf den des alten Ninive reduziert hatte.

Beispiel einer hieroglyphischen Inschrift aus dem Jahr MDCCCLXVII.
Übersetzung: »Es ist hier ein Mantel einem russischen Bauern zur Aufbewahrung übergeben worden, den ich gern wieder von ihm zurückerhalten möchte.«

23. AUG. (FR.) Wir brachten den Tag mit verschiedenen Angelegenheiten zu, statteten dem Sekretär des Grafen Tolstoj einen Besuch ab (der Graf ist abwesend) und besuchten die Troiza-Kirche und die Verkündigungskirche – beide sehr schön ausgeschmückt. Wir besuchten auch eine armenische Kirche, die darin von den griechischen Kirchen abweicht, daß sie keine Ikonostase hat, die

den Altar verbirgt – oder eher, zwar eine Ikonostase hat, der Altar aber davor steht.

Auf unseren Spaziergängen sah ich die schöne Photographie eines Kindes und kaufte eine kleine Kopie, zugleich bestellte ich einen Abzug in Originalgröße, weil sie keinen hatten, der nicht gerahmt war. Später ging ich noch einmal hin, um nach dem Namen des Modells zu fragen, und erfuhr, daß sie den Abzug bereits fertig hatten, aber nicht wußten, was sie tun sollten, weil sie bei dem Vater des Kindes angefragt und von ihm zu hören bekommen hatten, daß er von dem Handel nichts wissen wollte. Es blieb mir natürlich nichts anderes übrig, als das Bild, das ich gekauft hatte, zurückzugeben: Ich ließ gleichzeitig eine schriftliche Bestätigung zurück, daß ich das getan hatte, und gab der Hoffnung Ausdruck, daß es mir doch noch gestattet werden möge, es zu erwerben.

Wir fuhren auch zum »Point«, um den Sonnenuntergang zu sehen; und obwohl sie gerade untergegangen war, als wir ankamen, kamen wir in den Genuß eines sehr schönes Bildes: der klare Himmel, der rot und grün glühte – die Bucht fast so glatt wie Glas, das die Binsen spiegelte, die da und dort wuchsen – die dunkle Linie der gegenüberliegenden Küste mit den Häusern, die sich beinahe schwarz vom Himmel abhoben – und 2 bis 3 Boote, die faul durch die dunkler werdende Bucht wie irgendwelche unbekannte Wasservögel dahinplätscherten.

24. AUG. (SA.) Womöglich ein noch vielseitigerer Tag als der gestrige. Wir machten verschiedene vergebliche Besuche, besichtigten ein Kloster und ein bis zwei Kirchen, von

denen es nichts Besonderes zu vermelden gibt, außer von einer Kirche, in der die Innenwände über und über mit militärischen Trophäen behängt sind, während draußen in regelmäßigen Abständen Kanonen aufgepflanzt sind, sogar der Zaun um den Kirchhof besteht aus einer erfinderischen Verbindung von Kanonen und Ketten. Am Abend gingen wir zum Essen ins Restaurant Dusseaux, erfuhren aber, nachdem wir ein bis zwei Minuten gewartet hatten, daß wir das Essen, das wir bestellt hatten, nicht bekommen können, aus dem einleuchtenden Grund: Das Haus stand in Flammen! Es war vielleicht nur ein Kamin, da es in ungefähr einer ½ Stunde gelöscht war, aber erst nachdem das Ereignis eine große Menge von Neugierigen und ein gutes Dutzend Feuerspritzen angezogen hatte, die gemächlich und ordentlich daherkamen und vor allem durch ihre übertriebene Kleinheit auffielen. Einige von ihnen schienen aus alten Wasserkarren hergestellt. Inzwischen nahmen wir unser Abendessen gegenüber bei Borell's ein und schauten vom Fenster aus zu, während die Kellner sich zum Eingang drängten und dem Unglück ihrer Konkurrenz mit Interesse, aber, wie ich fürchte, ohne tiefes Mitgefühl zuschauten.

Nachher gingen wir zum Abendgottesdienst im Alexander-Newskij-Kloster – einer der schönsten Gottesdienste, die ich je in einer griechischen Kirche gehört habe. Der Gesang war ganz herrlich und nicht so eintönig, wie er im allgemeinen ist. Besonders ein Stück, das im Verlauf des Gottesdienstes viele Male wiederholt wurde (das heißt die *Musik*: die Worte waren vielleicht verschieden), war ein so wunderschönes Stück Melodie, daß ich es mit Vergnügen noch viel öfter gehört hätte. Es waren zwei

Metropolit mit Priestern

Bischöfe anwesend, und während des zweiten Teils des Gottesdienstes stellte sich einer von ihnen in die Mitte der Kirche und machte mit einem kleinen Pinsel (in geweihtes Öl getaucht, wie ich annehme) das Kreuzzeichen auf die Stirnen der Gläubigen, die sich ihm einzeln präsentierten, zuerst die Bücher küßten, die auf dem Pult lagen, dann das Kreuzzeichen empfingen und dann (in manchen Fällen) die Hand des Bischofs küßten.

25. AUG. (SO.) Graf Pontjatin holte uns wie versprochen ab und nahm uns in seinem Wagen zur griechischen Kirche mit. Wir gingen mit ihm hinter die Ikonostase und wurden dem amtierenden Archimandriten vorgestellt; und da der Gottesdienst griechisch war, konnten wir ihm mit Hilfe von Büchern trotz der Aussprache folgen und an ihm teilnehmen, außer bei ein bis zwei Stellen, die sich auf die Jungfrau Maria bezogen. Nach dem Gottesdienst ging der Graf mit uns weiter zum Alexander-Newskij-Kloster und durch die »Geistliche Akademie«, wo ungefähr 80 Jugendliche zu Priestern erzogen werden. Wir gingen um 4 zum Gottesdienst in dieses Kloster zurück und verbrachten den Abend damit, daß wir am Flußufer entlangschlenderten, und sahen die Nikolaus-Brücke in der ganzen Glorie des Sonnenuntergangs, mit ihrem Strom an menschlichem Leben, der sich in Form von schwarzen Punkten darstellte, die eine ein Meer von Rot und Grün überspannende Linie entlangkrochen.

26. AUG. (MO.) Wir hatten kaum für etwas anderes Zeit als für die Vorbereitungen zum Aufbruch. Der Photo-

graph (» Артистнческая Фотографія «*, Große Morskaja No. 4) kam, um uns die Bilder zu bringen, da der Vater, Fürst Golizyn (?), Erlaubnis gegeben hatte, sie mir zu verkaufen. Um 2 stiegen wir in den Zug zu unserer beschwerlichen Reise nach Warschau und entdeckten, daß wir im gleichen Wagen, wenn auch nicht im gleichen Abteil waren wie die Hunts, die nach Berlin fuhren, so daß wir bis Wilna, das wir abends um 6 erreichten, den gleichen Weg hatten. Im Verlauf des Abends besuchten wir einander, und mein Reiseschachbrett tat gute Dienste. Wir hatten keinen Schlafwagen; weil aber der Wagen fast leer war, ging es sehr gut.

27. AUG. (DI.) Wir kamen in Warschau ungefähr abends um 6 an und fuhren zum Hotel d'Angleterre, das eine sehr drittklassige Angelegenheit zu sein schien. Auf unserem Gang wohnt ein großer und sehr freundlicher Windhund, der hereinkommt, wo immer eine Türe für ein bis zwei Sekunden geöffnet wird, und der eine Zeitlang die Bemühungen des Dieners, der uns das Badewasser brachte, völlig hinfällig zu machen drohte, weil er das Wasser so rasch, wie es gebracht wurde, wegtrank.

28. AUG. (MI.) Wir brachten den Tag damit zu, in Warschau herumzugehen, und besuchten verschiedene Kirchen, vor allem römisch-katholische, die wie üblich Reichtum und schlechten Geschmack zur Schau stellten, in der verschwenderischen Vergoldung und den Massen von

* Kunstphotograph

Kreuzkirche in Warschau

Marmor, aus denen Klumpen (man kann sie kaum Gruppen nennen) von häßlichen Säuglingen herausgehauen waren, die Cherubim darstellen sollten. Aber es gab da ein paar gute Madonnen etc. als Altarbilder. Die Stadt als ganze ist eine der schmutzigsten und lärmigsten von allen, in denen ich je gewesen bin.

29. AUG. (DO.) Der Wecker weckte uns um 4 – wir bekamen Kaffee und Brötchen um 5 – und um ½ 7 waren wir auf dem Weg nach Breslau, wo wir abends um ½ 9 ankamen. Es war eine Freude zu sehen, daß die Gegend mehr und mehr bewohnt und bebaut war, je weiter wir nach Preußen hineinfuhren – der grimmige, grobschlächtige russische Soldat durch den freundlicheren und intelligenteren Preußen abgelöst wurde – sogar die Bauern schienen von einer besseren Sorte, eigenständiger und unabhängiger zu sein: Der russische Bauer mit seinem sanften, schönen, oft edlen Gesicht kommt mir immer wie ein unterwürfiges Tier vor, das sich längst daran gewöhnt hat, Härte und Ungerechtigkeit schweigend zu erdulden, nicht als ein Mann, der fähig und bereit ist, sich selbst zu verteidigen.

Wir stiegen in der »Goldenen Gans« ab und fanden, daß sie, wenn sie auch nicht gerade goldene Eier legte, so doch der »goldenen Meinungen aller möglichen Männer« wert war.

30. AUG. (FR.) Wir brachten einen Morgen mit heiterem Sonnenschein und köstlich milder Luft damit zu, durch die schöne alte Stadt zu gehen und in Kirchen hineinzuschauen, die vor allem ihrer schönen Proportionen wegen bemer-

Rathaus und »Ring« in Breslau

kenswert sind, deren große Höhe den Backsteintürmen und Strebepfeilern und den schmalen Fenstern eine Schönheit verleiht, die ohne allen Schmuck auskommt.

Wir sahen uns die Kirche St. Maria Magdalena an – dann St. Christophorus – dann die Dorotheenkirche, ein Gebäude von enormer Höhe. Wir versuchten, darum herumzugehen, sahen dann aber, daß es keinen anderen Ausgang gab aus dem Hof dahinter, der offensichtlich der Spielplatz einer Mädchenschule und ein verlockendes Gelände für eine photographische Kamera war: Nach den russischen Kindern, deren Gesichter in der Regel häßlich und als Ausnahme unscheinbar sind, ist es erholsam, wieder zu den deutschen mit ihren großen Augen und feinen Gesichtszügen zurückzukehren.

Nach der Dorotheenkirche gingen wir über den »Ring« (ein großer Platz mit einem sehr malerischen Stadthaus und anderen Gebäuden und Statuen in der Mitte und einer überaus reizenden Reihe von merkwürdigen alten Giebeln darum herum, nicht zwei sind gleich) zu St. Elisabeth, wo wir mit großer Mühe den höchsten Turm in Preußen bestiegen und mit einer prächtigen Aussicht über die Stadt und die Umgebung mit den Windungen der Oder belohnt wurden.

Am Nachmittag besuchte Liddon allein einige Kirchen, weil ich mich für weitere Gänge nicht wohl genug fühlte, und am Abend fuhren wir zum »Wintergarten« und hörten für kurze Zeit dem unvermeidlichen Freiluftkonzert zu, das die Deutschen so lieben.

31. AUG. (SA.) Wir bestiegen den Turm der Kreuzkirche, von dem aus wir mit einem Blick ganz Breslau sehen konnten, und besuchten auch die römisch-katholische Michaeliskirche, die gerade im Bau ist. Am Nachmittag fuhren wir weiter nach Dresden, wo wir ungefähr um ½ 11 abends im »Hôtel de Saxe« ankamen.

1. SEPT. (SO.) Da der Führer und der Plan drei englische Kirchen angeben, von denen zwei zweifellos Dissidenten sind, ging ich in keine. Liddon ging in die römisch-katholische Kirche, und ich schloß mich ihm für ein paar Minuten an, um die Musik zu hören. Wir besuchten einige Parks, in denen durchweg das Prinzip zum Zug kommt, die Leute möglichst in die Gärten der Kaffeehäuser zu treiben (wo sie Eintritt bezahlen); was zur Folge hat, daß es auf öffentlichem Grund nur ein paar Bänke ohne Lehnen gibt.

2. SEPT. (MO.) Am Vormittag besuchten wir die große Gemäldegalerie. Zwei Stunden Besichtigung waren genug für mich, und es wäre gut gewesen, alles an die große »Sixtinische« Madonna zu wenden. Am Nachmittag schlenderten wir durch die Stadt, und ich ging nachher ins Theater im »Königlichen Garten«, von dem aus ich im Finstern (zum Teil über Land) ungefähr eine Meile nach Hause zu gehen hatte, wobei ich mich, überflüssig zu sagen, verirrte. Die Vorstellung war (mit Ausnahme des Spiels, das durchschnittlich war) bemerkenswert. Ich kam während des zweiten Stücks herein, und die erste Besonderheit, die mir auffiel, war die, daß das Publikum den Vorhang ohne ein

Dresden, Blick vom Postplatz in Richtung Zwinger

Zeichen von Applaus sich senken ließ: Die abkühlende Wirkung dieses Schweigens wurde vom Orchester nicht behoben, das es sich dabei wohl sein ließ, mit nichts anderem beschäftigt als damit, seine sehr bequeme Serie von Leselampen zu putzen. *Als* sie dann aber spielten, was erst geschah, nachdem das Stück zu Ende war und 5 oder 10 Minuten lang ein schreckliches Schweigen geherrscht hatte, hätte man wünschen mögen, daß sie zu ihren Lampen zurückkehren würden, weil die Musik so trostlos war wie keine, die ich je in einem Theater oder außerhalb gehört habe. Der Abend schloß mit der »Wunder-Quelle«, um derentwillen das Haus völlig verdunkelt wurde (Frage: gibt es in Dresden Taschendiebe?), und wir bekamen dann einen Kreis von Wasserstrahlen zu sehen, mit einem Brunnen in der Mitte, der von einer Lampe beleuchtet wurde, die ständig die Farbe änderte und eine hübsche Wirkung erzielte, aber eine, die im Bereich der Laterna magica und der »Chromatropen« liegt: Die Quelle in der Mitte versiegte schließlich, und es stiegen der Reihe nach Apollo, Frau Zeit und eine Gruppe von Figuren heraus, die einen kleineren Brunnen trugen. Jede dieser Erscheinungen vollführte nach ihrem Auftauchen eine langsame Drehung, wie von einem Bratenwender angetrieben – und dieses Ereignis schien *der* Höhepunkt des Abends zu sein: Mindestens brachte es das geduldige, um nicht zu sagen passive Publikum zum höchsten Grad der Begeisterung, den es je erreichte – es gab fast so viel Applaus, wie ein englisches Publikum einer einzigen Rede gönnen würde.

3. SEPT. (DI.) Wir machten in Eile einen zweiten Besuch in der Gemäldegalerie, um uns Correggios berühmte »La Notte« anzusehen – über die ich nichts zu sagen habe, was mein Ansehen als Kritiker fördern könnte –, und fuhren am Nachmittag nach Leipzig weiter, das wir rechtzeitig zu einem Abendspaziergang rund um die Altstadt erreichten, durch eine Reihe von Gärten, die reichlich mit Bäumen bepflanzt waren. Unser Hotel war das »de Prussie«.

4. SEPT. (MI.) Wir hatten nur Zeit für einen Gang durch die äußerlich nicht bemerkenswerte Stadt und einen Besuch des Schloßturms, von dem aus der »Kastellan« uns die verschiedenen Örtlichkeiten zeigte, die als Schlachtfelder bekannt sind – und insbesondere das Gebäude, in dem die große theologische Schlacht zwischen Luther und Eck stattgefunden hat.

Und dann fuhren wir weiter nach Gießen, stiegen im Hotel zum Rappen ab und bestellten bei einem hilfsbereiten Kellner, der Englisch sprach, ein frühes Frühstück. »Coffee!« rief er entzückt, das Wort aufschnappend, als ob es eine wirklich originelle Idee wäre, »ah, coffee – very nice. And Eggs. Ham with your eggs? Very nice.« [»Ah, Kaffee – sehr schön. Und Eier. Wollen Sie Schinken mit Ihren Eiern?«] – »Wenn wir ihn gebraten haben können«, sagte ich, *»broiled«* [gebraten]. *»Boiled?«* [gekocht], wiederholte der Kellner mit einem ungläubigen Lächeln. »Nein, nicht gekocht«, sagte ich, »sondern gebraten, *broiled,* nicht *boiled.*« Der Kellner wischte den Unterschied als trivial beiseite. »Yes, yes, ham«, wiederholte er, zu seiner Lieblingsidee zurückkehrend. »Ja, Schinken«, sagte ich. »Aber wie zubereitet?« – »Yes, yes, how cooked«, gab der Kellner zur Antwort, mit der Sorglosigkeit von jemandem, der einem Vorschlag eher aus Gutmütigkeit als aus Überzeugung zustimmt.

5. SEPT. (DO.) Am Mittag erreichten wir Ems, nach einer Reise, die ereignislos war, aber durch eine sehr interessante Gegend führte. – Täler, die sich in alle Richtungen durch die Hügel zogen, die bis obenan bewaldet waren, und weiße Dörfer, die sich einnisteten, wo es irgendeinen bequemen Winkel gab, in dem man sich verbergen konnte. Die Bäume waren so klein, so einheitlich in der Farbe und so regelmäßig, daß die entfernteren Hügel etwa wie Erdwälle aussahen, die mit Moos bedeckt sind. Das wirklich Einzigartige dieser Szenerie war die Art, in der die alten Schlösser eher wie gewachsen als gebaut auf den Gipfeln der felsigen Vorgebirge standen, die da und dort ihre Köpfe aus den Bäumen herausstreckten. Ich habe nie irgendwo Architektur gesehen, die in solchem Grad mit dem Geist des Ortes im Einklang war. Mit feinem Instinkt scheinen die alten Architekten sowohl Form wie Farbe, die Anordnung der Türme mit ihren spitzen Dächern und die beiden neutralen Tönungen, Hellgrau und Braun, für Mauern und Dach so gewählt zu haben, daß Gebäude entstanden, die sich so natürlich dem Gelände anpassen wie Heidekraut oder Hasenklee. Und wie die Blumen und die Felsen schienen sie mit keiner anderen Bedeutung als mit Ruhe und Schweigen durchdrungen zu sein.

Wir gingen zum »Hôtel d'Angleterre« und brachten den Rest des Tages damit zu, in diesem entzückenden Ort

Burg Stolzenfels mit Blick auf die Lahn-Mündung

herumzuschlendern, wo die Leute nichts zu tun haben und den ganzen Tag Zeit, es zu tun. Es ist sicher der Ort für einen durch und durch genüßlichen Müßiggang.

Wir besuchten das Abendkonzert und entdeckten, daß im Nebenzimmer gespielt wurde (Rouge-et-noir), und das war für uns Neulinge ein sehr interessanter Anblick. Man konnte an den Gesichtern der Spieler kaum ein Gefühl ablesen, auch wenn sie große Verluste machten: Was sich zeigte, war immer nur augenblicklich, und um so intensiver, als es gleich wieder unterdrückt wurde. Die Frauen gaben ein interessanteres und darum auch betrüblicheres Schauspiel als die Männer ab: manche alt, manche ziemlich jung, und alle völlig selbstvergessen und mit verstörter Miene wie hilflose Kreaturen, die vom starren Blick eines Raubtiers in Bann gehalten werden.

6. SEPT. (FR.) Wir brachen ungefähr morgens um 10, nur zu bald, in Ems auf und nahmen das Dampfschiff, rheinaufwärts, bis nach Bingen. Das Wetter konnte nicht besser sein, und obwohl wir Karten für den hinteren Teil des Schiffs hatten (der aus Gründen, die ich nie verstanden habe, als luxuriöser gilt), blieb ich die ganze Zeit (4 oder 5 Stunden) vorn und betrachtete die Reihe von Bildern, die sich öffnete, als wir uns durch die Hügel schlängelten. Sie waren natürlich sehr einheitlich, um nicht zu sagen eintönig, und die Scharen von steilen spitzen Hügeln, spärlich bedeckt mit Weingärten oder kleinen Bäumen, mit hin und wieder einem kleinen Dorf unten am Fuß oder einer Burg, die auf einer Felsspitze saß und in ihrer sehr eigenartigen Bauweise von der Form des Felsens bestimmt war (was ein

Pariser Ladeninhaber eine »extraordinaire, forcé« Architektur nennen würde), aber es war doch ein Anblick, dessen man nicht so rasch müde wurde. In Bingen stiegen wir im »Hotel Victoria« ab und begannen früh am Morgen unsere letzte Etappe, nach Paris, das wir erst gegen 10 Uhr abends erreichten.

8. SEPT. (SO.) Ich ging in Mr. Archer Gurneys Kirche und hörte dort eine ausgefallene, aber sehr interessante Predigt. Auf dem Weg dorthin traf ich Thorley aus Wadham und verabredete mich mit ihm zu einem Spaziergang, und am Nachmittag gingen wir miteinander durch die Tuilerien und die Champs Elysées in den Bois de Boulogne, der uns einen guten Begriff von dem Maß landschaftlicher Schönheit gab, das diese schöne Stadt in Form von Parks, Gärten, Wasser etc. aufzuweisen hat. Als ich das sah, wunderte ich mich nicht mehr darüber, daß die Pariser London »triste« finden. Am Abend aßen wir zu dritt im »Dîner Européen« und gingen dann in Mr. Gurneys Kirche.

9. SEPT. (MO.) Wir brachten den Tag in der Ausstellung zu, wo ich mir kaum etwas anderes ansah als die Bilder; ein seltener Genuß an moderner Kunst – eine so große Sammlung mit kaum irgendwelchen minderwertigen Bildern oder Statuen. Ich will mich nicht auf die Unmöglichkeit einlassen, sie zu beschreiben, sondern mich darauf beschränken, den Namen von Caroni aus Florenz zu nennen, dessen Werke mir von außerordentlicher Schönheit zu sein schienen: Sie heißen »L'Amour vainqueur de la

Der Rhein bei Goarshausen

Force« (ein Kind, das mit einem Löwen spielt), »Esclave au marché« und »Ophelia« – alles in Marmor. Letztere in der Wahnsinnsszene, wo sie Blumen um sich herum streut. Die französischen Bilder waren natürlich am zahlreichsten, aber sie waren auch (was keineswegs selbstverständlich ist) die besten. *Unsere* Künstler scheinen in der Einsendung zweitklassiger Bilder beinahe miteinander gewetteifert zu haben. Die kleine Sammlung von amerikanischen Bildern enthält einige, die ausgezeichnet sind.

Thorley und ich besuchten am Abend das »Théâtre Vaudeville«, um »La Famille Benviton« zu sehen, ein großartig gespieltes Stück – ohne Ausnahme war jede Rolle gut und sorgfältig gespielt. »Fanfan« wurde von einem der klügsten Kinder gegeben, das ich je gesehen habe (Mdlle. Camille, wie es auf dem Programmzettel genannt wurde), es konnte nicht älter als 6 Jahre alt sein.

10. SEPT. (DI.) Ein sehr gemischter Tag. Ich traf Chandler und Page und schlenderte herum, zuerst mit ihnen und dann allein, um Photographien zu kaufen, bis es zu spät war, zur Ausstellung zu gehen. Liddon und ich aßen am gewohnten Ort und gingen dann zu einem Freiluft-Militärkonzert auf den Champs Elysées.

11. SEPT. (MI.) Weil das Hôtel Louvre viel zu groß war, um behaglich zu sein, machten Page und ich eine Inspektionsrunde durch ein paar andere, zum Schluß kamen wir zu einem, das Mrs. Hunt empfohlen hatte – das »Hôtel des Deux Mondes« – das das beste zu sein schien, und wir nahmen dort ein paar Zimmer. Am Nachmittag ging ich

noch einmal in die Ausstellung und dann zum Essen in mein neues Quartier, dessen Speisesaal auch ein Restaurant ist, und zwar ein sehr gutes.

12. SEPT. (DO.) Einkaufen, und dann noch einmal die Ausstellung. Wir gingen draußen in den Anlagen herum und kamen an einem Pavillon vorbei, in dem chinesische Musik gespielt wurde, und bezahlten einen halben Franc, um hineingehen und aus der Nähe zuhören zu können: Und sicher war der Unterschied zwischen drinnen und draußen den halben Franc wert, nur daß es draußen angenehmer war. Es war genau die Art von Musik, die man, wenn man sie einmal gehört hat, nie wieder hören will ... Wir hielten uns schadlos, indem wir am Abend in die »Opéra comique« gingen, um »Mignon« zu hören – eine sehr hübsche Aufführung mit entzückender Musik und ebensolchem Gesang; die Heldin, Mdme. Galli-Marie, trug zu beiden Bereichen von Schönheit reichlich ihr Teil bei.

13. SEPT. (FR.) Herumgehen und Einkaufen: Am Nachmittag ging ich zum Kloster St. Thomas, um zu versuchen, mir die Salbe gegen den tic-douloureux zu besorgen, die die Nonnen dort herstellen. Ich sprach mit zwei von den Schwestern, und die ältere, die mehr Autorität zu haben schien, versicherte mir in sehr fließendem Französisch, von dem das meiste bei mir nicht ankam, daß sie sie nie verkauften, sondern nur an ihre Armen abgäben. Weil das in eine erschöpfende Darlegung der Kategorie »Arten der Verteilung von Salbe« überzugehen schien, gab ich beina-

he in Verzweiflung meinen Versuch auf – aber es gab Anzeichen für eine andere Möglichkeit, ans Ziel zu kommen, so daß ich nach vielen Umschweifen sagte: »Sie können sie mir also nicht *verkaufen*, aber sie können sie mir *schenken* und mir erlauben, ihnen für ihre Armen etwas zu geben?« »Oui! Certainement!« war die eifrige Antwort, und so wurde der delikat verschleierte Handel schließlich abgeschlossen.

Abends um 7 verließ ich das »Hôtel des Deux Mondes« für die Fahrt nach Calais, das ich nach einer friedlichen und verschlafenen Reise ungefähr um 2 Uhr morgens erreichte. Wir hatten eine wunderbar sanfte Überfahrt und eine klare Mondnacht, in der wir sie genießen konnten – der Mond schien in seiner ganzen Pracht, als ob er sich entschädigen wollte für die Finsternis, die er 4 Stunden zuvor durchgemacht hatte – ich blieb fast während der ganzen Überfahrt im Bug, manchmal mit dem wachhabenden Matrosen plaudernd und manchmal, in der letzten Stunde meiner ersten Reise ins Ausland, die Lichter von Dover beobachtend, wie sie langsam den Horizont erweiterten, als ob das alte Land seine Arme ausbreitete, um seine heimkehrenden Kinder zu empfangen – bis sie sich schließlich klar und kühn als die beiden Leuchttürme auf den Klippen herausstellten – bis das, was lange nichts als eine funkelnde Linie auf dem dunklen Wasser gewesen war, wie ein Spiegelbild der Milchstraße, Form und Gestalt in den Häusern annahm, die die Küste entlang stehen – bis die schwache weiße Linie dahinter, die zuerst wie ein Nebel aussah, der dem Horizont entlangkriecht, schließlich im grauen Zwielicht zu den weißen Klippen des alten England wurde.

Lewis Carroll

Eines Russen Tag in England *

Mittagsmahl um eins (das ist ›adin‹)
Da es vielerlei zu sehen gibt –
Fahren wir um zwei (heißt ›dwa‹)
Mit einem Wagen durch die Stadt.
Was für mich denkbar ermüdend war
Und gegen vier (das ist ›tschetürje‹)
Fühlte ich mich schrecklich matt:
So daß ich schon um fünf (heißt ›pjatt‹)
Ganz ordentlich erschöpft war.
Um sechs (will sagen ›schesst‹)
Mein Seufzer: ›Och dieser ferne Osten!‹
Um sieben (heißt soviel wie ›semm‹)
Kamen wir zum Abendbrot nach Haus.
Um acht (das heißt um ›wossem‹)
Gab man den Kindern ihre Dosis.
Gegessen wurde dann um neune (›djewjatt‹)
Ich schlug mich tapfer durch das Mahl.
Zu Bett um zehn (was ›djessjat‹ heißt)
Ging ich mit länglichem Gesicht.
Finis.
Nun, wenn's von irgendeinem
Vorteil ist für Lady Gwendolen Cecil
Daran zu denken wie ein Ruß
Betont wird von *uns*,

* Zur Überlieferung vgl. Fußnote 7 auf S. 130

Mag sie bei Gelegenheit
Diese russ-anglikanischen Reime lesen.

13. Nov/74
(Aus dem Englischen von Felix Philipp Ingold)

Nachwort
von Felix Philipp Ingold

Lewis im Wunderland
Charles L. Dodgsons russische Reise

Die ausgedehnte Rußlandreise, die Charles Lutwidge Dodgson – *alias* Lewis Carroll – im Sommer 1867 zusammen mit dem protestantischen Theologen Henry Parry Liddon unternahm, war in mehrfacher Hinsicht ein ungewöhnliches Unterfangen. Eigentlich hatte Dodgson, der seit 1851 (und weiterhin bis zu seinem Tod im Jahr 1898) in Oxford lebte, bloß einen Ausflug *via* London nach Paris geplant, wo er die Weltausstellung besuchen wollte. Um sich darauf vorzubereiten, hatte der damals fünfunddreißigjährige Mathematikdozent sogar ein paar Privatstunden in Französisch genommen, doch ließ er sich kurzfristig – die Reisepapiere für Paris lagen bereits vor! – von Liddon, einem engen Freund und strengen Glaubensgenossen, dazu überreden, ihn auf dessen Informationstour nach Rußland zu begleiten. Am 10. Juli war Liddon bei Dodgson zu Gast, um ihm die Modalitäten der Reise – die Route, das Ziel – zu erläutern, und am Tag danach fiel der definitive Entschluß zur gemeinsamen Fahrt nach Moskau. Schon am 12. Juli traf man sich in Dover, um den Ärmelkanal in Richtung Calais zu überqueren.

Zum ersten Mal in seinem Leben verließ Dodgson bei dieser Gelegenheit seine englische Heimat. Klar ist, daß der weltfremde Stubenhocker von Christ Church die Reise quer durch Europa nicht ohne Liddons Zutun unternommen hätte, klar auch, daß sein Interesse an Rußland keineswegs auf einschlägigen Sachkenntnissen beruhte, daß es vielmehr von der üblichen touristischen Neugier auf Exotisches und Kurioses geprägt war, aber auch – darüber hinaus – von einer ebenso liebevollen wie luziden Aufmerksamkeit für das Besondere am Gewöhnlichen, das Wunderbare am Trivialen: Vokabeln wie *wonder* und *novelty*, *strange* und *unheard-of* verwendet er für all das, was er *most interesting* findet, besonders gern. Und eben diese naive Prägung macht den hohen Reiz von Dodgsons Tagebuch aus, das er während seiner Rußlandreise – vom 12. Juli bis zum 13. September 1867 – mit akribischer Regelmäßigkeit geführt hat und das hier nun erstmals in deutscher Sprache vorgelegt wird.[1]

Man weiß, daß Dodgson ein exzellenter Photograph war,[2] und man kann davon ausgehen, daß er sein Reisetagebuch – in Ermangelung einer transportfähigen Kamera – des öfteren für die Aufzeichnungen gleichsam photo-

---

1 Dodgsons Aufzeichnungen von der Reise nach Rußland bilden einen separaten, in sich geschlossenen Teil seiner übrigen Tagebücher (vgl. *The Diaries of Lewis Carroll, I-II*, London 1953). Die Handschrift des Reisetagebuchs *(Journal of a Tour in Russia in 1867)* gehört zur Parrish Collection, die in der Princeton University Library aufbewahrt wird. Der Text ist erstmals 1928 – dreißig Jahre nach dem Tod des Autors – unter dem Titel *Tour in 1867 by C. L. Dodgson* im Druck erschienen und seither mehrfach neu herausgegeben worden, zuletzt von John Francis McDermott in der Textsammlung *The Russian Journal and Other Selections from the Works of Lewis Carroll* (3. Aufl., New York 1977), auf der die vorliegende Übersetzung basiert. – Es sei darauf hingewiesen, daß auch Dodgsons Reisebegleiter, H.P. Liddon, in Rußland ein Tagebuch geführt hat; dieses wurde publiziert unter dem Titel *The Russian Journal, II* (»A Record Kept by Henry Parry Liddon of a Tour

graphischer Momentaufnahmen verwendet hat; manche seiner beiläufig festgehaltenen Notate zeugen von der außerordentlichen Beobachtungsgabe, um nicht zu sagen: von der Beobachtungsfreude des jederzeit hellwach wirkenden britischen Touristen. Ganz gleich, ob er eine nächtliche Eisenbahnfahrt, einen kurzen Wirtshausaufenthalt, eine Turmbesteigung, eine orthodoxe Trauungszeremonie, einen synagogalen Gottesdienst, eine theatralische Laienaufführung oder eine russische Popenfamilie beschreibt – stets bringt Dodgsons Kamerablick eine Vielzahl von unscheinbaren Details ins Bild, die seine insgesamt eher sachliche Berichterstattung einprägsam akzentuieren.

Ein besonders schönes Beispiel seiner Wahrnehmungs- und Beschreibungskunst gibt Dodgson dort, wo er auf der Überfahrt von Calais zurück nach Dover durch eine sorgsam gestaffelte Abfolge von »Standbildern« das allmähliche Auftauchen der englischen Küste vergegenwärtigt: »... die Lichter von Dover beobachtend, wie sie langsam den Horizont erweiterten, als ob das alte Land seine Arme ausbreitete, um seine heimkehrenden Kinder zu empfangen – *bis* sie sich schließlich klar und kühn als die beiden Leuchttürme auf den Klippen herausstellten – *bis* das, was lange nichts als eine funkelnde Linie auf dem dunklen Wasser gewesen war, wie ein Spiegelbild der Milchstraße, Form und Gestalt in den Häusern annahm, die die Küste entlang stehen – *bis* die schwache weiße

Taken with C. L. Dodgson in the Summer of 1867«), London 1979.

2 Siehe u.a. *Lewis Carroll Photographer* (London 1949; [2. Aufl.] New York 1969).

Linie dahinter, die zuerst wie ein Nebel aussah, der den Horizont entlangkriecht, schließlich im grauen Zwielicht zu den weißen Klippen des alten England wurde.«

Auf seiner weitläufigen, oft beschwerlichen Reise durch Europa wie auch während seines mehrwöchigen Aufenthalts in Rußland hat Dodgson – zumeist in Begleitung von Liddon – mit besonderer Vorliebe Sakralbauten unterschiedlicher Konfessionen aufgesucht, hat Schloß- und Parkanlagen, Museen, Kunstdenkmäler aller Art und sonstige Sehenswürdigkeiten besichtigt, hat auf langen Droschkenfahrten oder Spaziergängen Städte und Dörfer exploriert, hat Einkäufe getätigt, fremde Menschen kennengelernt, und manchmal sind dabei – vor allem in Rußland – auch eigenhändige Zeichnungen entstanden.[3]

Abends war er, sooft es nur ging (am liebsten freilich ohne seinen puritanischen Kollegen), in Restaurants zu Gast oder sah sich Theatervorstellungen an; seine diesbezüglichen Ansprüche scheinen eher bescheiden gewesen zu sein, doch fällt auf, mit welchem Behagen und wie vorurteilslos er zu genießen vermochte, was ihm vorgesetzt beziehungsweise vorgeführt wurde. Auffallend ist aber auch, daß Dodgson bei aller Heiterkeit niemals vulgär wird, daß er, ganz im Gegenteil, durchweg eine Rechtschaffenheit zu erkennen gibt, die bisweilen bieder, fast etwas beschränkt wirkt.

Beschränkt ist aber vor allem andern die Reichweite

3 Vgl. dazu die kaum bekannten Reproduktionen in *Literaturnaja Gazeta* Nr. 1 vom 1.1.1981, S. 14.

und Tiefenschärfe der Optik, mit der er die zeitgenössische russische Wirklichkeit wahrnimmt. Selten geht er dabei über den Rahmen von bald tragikomisch, bald sentimental vorgeführten Genreszenen hinaus, auch wenn er diese – nicht anders als seine eindrücklichen Bildbeschreibungen – mit präziser Intuition auszuführen weiß. Daß das russische Imperium damals – unter der Herrschaft Alexanders II. – innen- wie außenpolitisch eine Phase des Umbruchs und der Erneuerung durchmachte, die auch in Europa weithin zu reden gab, scheint Dodgson nicht registriert zu haben. In seinen Reisenotizen werden weder die großen Reformwerke des »Befreierzaren« noch die erfolgreichen russischen Expansionsschritte jener Zeit auch nur nebenbei erwähnt – kein Wort über die Aufhebung der Leibeigenschaft und deren Folgen, kein Wort über den im März 1867 erfolgten Verkauf Alaskas (durch Rußland) an die USA oder die Errichtung eines russischen Generalgouvernements in Turkestan (Juli 1867), kein Wort auch vom großen internationalen Slawenkongreß, der im Mai / Juni während rund sechs Wochen in Moskau getagt hatte.

Dodgsons Interessen waren offenkundig anderer Art. Als er zu seiner Rußlandreise aufbrach, hatte er sich eben erst unter dem Pseudonym »Lewis Carroll« als Autor von *Alice's Adventures in Wonderland* einen Namen gemacht, und es begannen für ihn die »Jahre des Triumphs« (M. N. Cohen) – der später weltweit erfolgreiche Titel war 1865 bei Macmillan in London, ein Jahr danach bei Appleton in New York erschienen, und bereits 1867 lagen Optionen sowohl für eine deutschsprachige wie auch für eine französische

Ausgabe vor.[4] – Man darf vermuten, daß das *Tagebuch einer Reise nach Rußland im Jahr 1867* eher den Dichter und Phantasten »Lewis Carroll« als den exakten Wissenschaftler und frommen Protestanten Charles Lutwidge Dodgson zum Autor hat. Jedenfalls weist der Text zahlreiche Ingredienzen auf, die für Carrolls poetische Welt charakteristisch, teilweise sogar konstitutiv sind. Es ist, als hätte Lewis Carroll sich selbst – *ergo* dem gelehrten Gentleman C. L. Dodgson aus Oxford – auf seiner Reise über die Schulter geschaut und als wäre dabei das reale Rußland immer wieder überblendet worden durch jene fabulöse Kunstwelt, die er kurz zuvor eigens für die kleine Alice entworfen hatte. Manche der von ihm im Tagebuch geschilderten Dinge, Szenen, Phänomene aus der russischen Alltagswelt könnte man sich genauso gut in Alices »Wunderland« vorstellen – zum Beispiel die anekdotische (von Carroll zeichnerisch festgehaltene) Episode mit dem Mantel, in der es um die Mißverständlichkeit beziehungsweise Unmöglichkeit verbaler Kommunikation und deren erfolgreiche Überbietung durch eine *ad hoc* geschaffene »Hieroglyphensprache« geht.

Generell kommt im russischen Reisetagebuch das Car-

---

4 Zur gleichen Zeit legte Dodgson auch diverse mathematische Publikationen vor, so *An Elementary Treatise on Determinants* (1867) und seine Edition von Euklids 5. Buch (*The Fifth Book of Euclid ...*, 1868). Bereits 1866 teilte Dodgson / Carroll seinem Verleger mit, daß er zu *Alice's Adventures in Wonderland* eine Fortsetzung plane (nachmals erschienen unter dem Titel *Through the Looking-Glass*, 1871); 1869 brachte er unter dem Titel *Phantasmagoria* eine Sammlung vermischter Texte heraus, die zuvor in diversen Zeitschriften erschienen waren.

rollsche Interesse an abstrusen und fremdartigen Dingen sowie an Zahlen und Schriftzeichen zur Geltung, speziell das Faszinosum, das für den nicht mehr ganz jungen Autor von sehr jungen Mädchen ausgegangen sein muß. – Bezüglich der Zahlen fällt auf, daß Carroll / Dodgson nicht nur Daten, Termine, Größen oder Distanzen präzis anzugeben pflegt, daß er vielmehr auch dort, wo man es nicht erwartet oder wo man es durchaus für überflüssig halten könnte, mit genauen Zahlenangaben aufwartet: In einer Gemäldegalerie zählt er 1243 Bilder, in einer Sakristei – 75 Meßgewänder, in einem Turm – 380 Stufen, usw. Es gibt ganze Abschnitte in Carrolls Tagebuch, die von Zeit-, Maß- oder Preisangaben (teils als Ziffern, teils in Worten geschrieben) geradezu wimmeln und die den Eindruck vermitteln, als würde da bewußt mit Zahlen jongliert, wobei stets klar bleibt, daß dieses Spiel der reinen Freude am Nonsense und nicht irgendwelchen numerologischen oder mystischen Spekulationen entspringt. Besonders witzig ist in dieser Hinsicht die von Carroll aus St. Petersburg rapportierte Szene, in der die beiden englischen Touristen mit einem russischen Kutscher wortreich (und letztlich mit Erfolg) um den Fahrpreis feilschen.

Der Wortvirtuose Carroll, der auf seiner langen Reise außer Russisch auch Französisch, Deutsch, Polnisch und Litauisch zu hören bekam, scheint für Fremdsprachen kein besonderes Flair gehabt zu haben; aber gerade sein mangelndes Verständnis bezüglich der *Bedeutung* fremdsprachiger Ausdrücke hat seine Aufmerksamkeit für deren *lautliche* Qualität oder *skripturale* Form noch gesteigert. Im Text finden sich dafür mehrere amüsante Belege. Daß Carroll außerdem die in Rußland verwendeten *kyrillischen* Schriftzeichen mehrfach zum Anlaß für sprachspielerische Notizen genommen hat, erstaunt nicht, und wenn er ein russisches Wortungetüm wie »zashtsheeshtayoushsheeksya« ins Englische transliteriert, denkt man sofort an die von ihm selbst erfundenen Kunstwörter und Kunstidiome, die man aus seiner Unsinnspoesie, aus *Alice im Wunderland* oder – Stichwort: »Jabberwocky« – aus *Alice hinter den Spiegeln* kennt.

Für den Poeten Carroll und für den Menschen Dodgson gibt es *einen* gemeinsamen Motivbereich, dessen zentrale Wichtigkeit auch im vorliegenden Reisetagebuch deutlich erkennbar wird, nämlich – wie schon erwähnt – das Motiv des *kleinen Mädchens.* Kleine hübsche Mädchen haben in Dodgsons Leben eine ebenso bedeutsame (und ambivalente) Rolle gespielt wie im literarischen und photographischen Werk Lewis Carrolls.[5] – Gleich am ersten Reisetag, auf der Fahrt von Lille nach Tournai, entdeckte Carroll/Dodgson unter den Passagieren ein vierjähriges Kind, das ihn durch sein unablässiges Plappern bezauberte und von dem er alsbald eine Zeichnung anfertigte – das »kleine Geschöpf« habe sich, so vermerkt's der Autor nicht ohne Rührung, beim Abschied artig küssen lassen …

Bei späterer Gelegenheit mußte Carroll/Dodgson mit Bedauern konstatieren, daß er nicht immer in der Lage

5 Vgl. dazu u.a. das Sammelwerk *Aspects of Alice* (Lewis Carroll's Dreamchild as seen through the Critics' Looking-Glasses, 1865-1971), Harmondsworth 1974; siehe dazu Carrolls Briefe an kleine Mädchen (z.B. in *A Selection from the Letters of Lewis Carroll to his Child-Friends*, London 1933) und seine photographischen Mädchenportraits (bei Gernsheim, a.a.O.).

war, die ihm »begegnenden kleinen Geschöpfe« mit dem Zeichenstift festzuhalten, und so verlegte er sich denn mehr und mehr darauf, unterwegs photographische Aufnahmen junger Mädchen *käuflich* zu erwerben, was ihm mitunter – mangels Einverständnis der Eltern – mißlang. In Rußland selbst fand Carroll / Dodgson die Kinder »in der Regel häßlich«, doch fiel ihm – auf der Rückfahrt nach England – schon in Breslau wiederum »ein verlockendes Gelände für eine photographische Kamera« auf, und zwar der »Spielplatz einer Mädchenschule«, wo er alsbald im Anblick der »großen Augen und feinen Gesichtszüge« der Kinder versank. Die letzte und eindrücklichste Begegnung dieser Art hatte der Junggeselle aus Oxford in einem Pariser Vaudeville-Theater, wo er unter den Schaupielern die sechsjährige Mademoiselle Camille entdeckte – sie war, wie er noch am 9. September 1867 notierte, eines der »klügsten Kinder«, das er »je gesehen habe«.

Dodgson hielt sich nachfolgend noch für ein paar Tage in Paris auf, er besuchte mehrfach die Weltausstellung, sah sich Theater- und Opernaufführungen an; auch wechselte er – vermutlich nach einem Streit mit Liddon[6] – das Hotel und schiffte sich schließlich am Abend des 13. September ohne seinen Begleiter nach Dover ein. Die große Rußlandreise fand damit einen unfrohen Abschluß; niemals wieder

6 Aus Henry Parry Liddons Reisenotizen geht hervor, daß Dodgsons Saumseligkeit und Nachlässigkeit, vor allem aber sein notorisch verspätetes Aufstehen wiederholt zu Auseinandersetzungen zwischen den beiden Freunden geführt hat (vgl. dazu die einschlägigen Hinweise und Zitate bei M. N. Cohen, a.a.O., S. 266ff).

hat sich Charles L. Dodgson späterhin ins Ausland begeben, und nur ein einziges Mal scheint er seine russischen Reminiszenzen literarisch nutzbar gemacht zu haben – im November 1874 verfaßte er unter dem Titel *A Russian's Day in England* ein sechsundzwanzig Zeilen umfassendes Gedicht, das in humoristischer Weise Bezug nahm auf seine Erfahrungen im Umgang mit russischen Menschen und mit der russischen Sprache.[7]

7 Der Text dieses Gelegenheitsgedichts (»A Russian's Day in England«, 1874) – keineswegs ein Meisterwerk – ist abgedruckt im Anhang zu Liddons russischem Tagebuch (a.a.O., S. 51f) und erscheint hier (auf S. 117) erstmals in deutscher Übersetzung. Die Besonderheit dieser lockeren Folge von Abzählreimen besteht darin, daß jeweils ein russisches Zahlwort – von 1 bis 10 – mit einem englischen Wort paarig gereimt wird (z.B. chetîrî: dreary oder sêm:: came). Die von Carroll bewerkstelligte Transliteration der russischen Zahlwörter ist z.T. fehlerhaft; es gelingen ihm aber diverse ingeniöse Reimpaarungen (wie dyasat:: face at etc.). In der deutschen (ungereimten) Fassung des Gedichts wurde die Wiedergabe der russischen Ausdrücke entsprechend angepaßt; die mangelhafte und widersprüchliche Interpunktion sollte – wie der skizzenhafte Charakter des Textes insgesamt – erhalten bleiben.

Herkunft der Abbildungen

S. 15: C. Wild, ca. 1837
Kölnisches Stadtmuseum (Foto: Rheinisches Bildarchiv)

S. 22: F. A. Calau nach F. A. Schmidt
Berliner Museum

S. 25: nach Victor Tissot, *Les curiosités de l'Allemagne du Nord*, Paris 1885

S. 28: nach Friedrich Fischer (Hg.), *Danzig*, Berlin-Halensee 1924

S. 37, 39, 41, 44, 49, 57, 60, 73, 78, 89, 93, 98: nach Piotre Artamof, *La Russie historique, monumentale et pittoresque*, 2 Bde., Paris 1862-1865

S. 46, 52, 65, 68, 69, 82, 86: nach Hermann Roskoschny (Hg.), *Rußland, Land und Leute*, 2 Bde., Leipzig o. J. (1882-1884)

S. 101: Wilhelm Barth (?)
Staatliche Museen Preußischer Kulturbesitz, Kupferstichkabinett

S. 103: Th. Blätterbauer, um 1850
Germanisches Nationalmuseum Nürnberg

S. 106: nach Waltraud Volk, *Dresden, historische Straßen und Plätze heute*, Berlin 1974

S. 110: W. Schneider und Th. Beck
Foto: Rheinisches Bildarchiv

S. 113: nach William Tombleson, *Tombleson's Views of the Rhine*, London 1832

Zu dieser Ausgabe

insel taschenbuch 2589: Der vorliegende Band ist eine Lizenzausgabe mit freundlicher Genehmigung der edition tertium, Ostfildern. Die Übersetzung von Eleonore Frey folgt der Ausgabe: The Russian Journal and other Selections from the Works of Lewis Carroll. Herausgegeben von Francis McDermott, erschienen 1977 bei Dover Publications, New York.
Umschlagabbildung: Illarion Michajlowitsch Prjanischnikow, Oster-Prozession, 1893 (Ausschnitt)

Russische Literatur im insel taschenbuch

Alexander N. Afanasjew: Russische Volksmärchen. Übertragen von Werner von Grimm. Herausgegeben von Imogen Delisle-Kupffer. Mit farbigen Illustrationen von Ivan Bilibin. it 1058

Tschingis Aitmatow: Dshamilja. Aus dem Russischen von Gisela Drohla. Mit einem Vorwort von Louis Aragon und Zeichnungen von Hans G. Schellenberger. Großdruck. it 2323

Andrej Belyj: Petersburg. Roman. Aus dem Russischen übertragen von Gisela Drohla. it 1342

Fjodor Michailowitsch Dostojewski: Aufzeichnungen aus einem Totenhause. Aus dem Russischen von Hermann Röhl. it 966

– Aus dem Dunkel der Großstadt. Aufzeichnungen. Aus dem Russischen von Hermann Röhl. it 967

– Die Brüder Karamasow. Roman. Dritter und vierter Teil. 2 Bde. Aus dem Russischen von Hermann Röhl. it 974

– Die Dämonen. Roman. Aus dem Russischen von Hermann Röhl. it 972

– Erniedrigte und Beleidigte. Ein Roman in vier Teilen. Mit einem Epilog. Aus dem Russischen von Hermann Röhl. it 965

– Das Gut Stepantschikowo und seine Bewohner. Aus den Aufzeichnungen eines Unbekannten. Roman. Aus dem Russischen von Hermann Röhl. it 964

– Helle Nächte. Ein empfindsamer Roman. Aus dem Russischen von Hermann Röhl. Großdruck. it 2328

– Der Idiot. Roman. Aus dem Russischen von Hermann Röhl. it 970

– Der Jüngling. Aus dem Russischen von Hermann Röhl. it 1890

– Der lebenslängliche Ehemann. Erzählung. Aus dem Russischen von Hermann Röhl. it 971

– Onkelchens Traum. Aus der Chronik der Stadt Mordassow. Roman. Aus dem Russischen von Hermann Röhl. it 963

– Die Sanfte. Eine phantastische Erzählung. Aus dem Russischen von Wolfgang Kasack. it 1138

– Schuld und Sühne. Roman. Aus dem Russischen von Hermann Röhl. it 969

– Der Spieler. Aus den Aufzeichnungen eines jungen Mannes. Aus dem Russischen von Hermann Röhl. it 1634 und Großdruck. it 2350

– Der Traum eines lächerlichen Menschen. Und andere Erzählungen. Aus dem Russischen von Hermann Röhl. it 976

– Werdejahre. Roman. Aus dem Russischen von Hermann Röhl. it 973

Nikolai Wassiljewitsch Gogol: Aufzeichnungen eines Wahnsinnigen. Erzählungen. Aus dem Russischen von R. Fritze-Hanschmann und G. Schwarz. it 1513

154/1/12.96

Russische Literatur im insel taschenbuch

Nikolai Wassiljewitsch Gogol: Der Mantel und andere Erzählungen. Aus dem Russischen übersetzt von Ruth Fritze-Hanschmann. Mit Illustrationen von András Karakas. Mit einem Nachwort von Eugen Häusler und Frank Häusler. it 241

– Die Nacht vor Weihnachten. Mit Illustrationen von Monika Wurmdobler. it 584

– Die toten Seelen. Erzählung. Aus dem Russischen von Hermann Röhl. it 987

Iwan Gontscharow: Oblomow. Mit Illustrationen von Theodor Eberle. Revidierte Übersetzung aus dem Russischen von Reinhold v. Walter. it 472

Nikolai Leskow: Weihnachtsgeschichten. Herausgegeben von Angela Martini-Wonde. it 1128

Russische Liebesgeschichten. Liebesgeschichten aus Rußland. Ausgewählt von Angela Martini-Wonde. it 1344

Leo N. Tolstoj: Anna Karenina. 2 Bde. Nach der Moskauer Akademie-Ausgabe aus dem Russischen übersetzt von Gisela Drohla. Mit Illustrationen von Theodor Eberle. it 308

– Auferstehung. Roman. Aus dem Russischen von Adolf Hess. Mit Illustrationen von Theodor Eberle. it 791

– Familienglück. Mit Illustrationen von Theodor Eberle. Übertragung von Hermann Röhl, bearbeitet von Gisela Drohla. it 902

– Die großen Erzählungen. Mit einem Nachwort von Thomas Mann. Aus dem Russischen übersetzt von Arthur Luther und Rudolf Kassner. it 18

– Kindheit. Aus dem Russischen von Hermann Röhl. Revidiert und herausgegeben von Gisela Drohla. Großdruck. it 2327

– Kindheit. Knabenalter. Jünglingsjahre. Aus dem Russischen von Hermann Röhl. Revidiert und herausgegeben von Gisela Drohla. it 203

– Die Kosaken und andere Erzählungen. Herausgegeben von Gisela Drohla. it 1518

– Die Kreutzersonate. Erzählung. Aus dem Russischen von Arthur Luther. Mit Illustrationen von Hugo Steiner-Prag. it 763 und Großdruck. it 2303

– Krieg und Frieden. Ein Roman in vier Bänden. Aus dem Russischen von Hermann Röhl. Mit Illustrationen von Theodor Eberle. it 590

– Der Tod des Iwan Iljitsch. Aus dem Russischen von Gisela Drohla. Mit Illustrationen von Theodor Eberle. it 864

– Wieviel Erde braucht der Mensch? Erzählungen und Legenden. it 1198

154/2/12.96

Russische Literatur
im insel taschenbuch

Anton P. Tschechow: Die Dame mit dem Hündchen. Und andere Erzählungen. Mit Zeichnungen von András Karakas. Ausgewählt und mit einem Nachwort versehen von Werner Berthel. Aus dem Russischen von Reinhold Trautmann. it 174

Anton Tschechow: Der Kirschgarten. Komödie in vier Akten. Aus dem Russischen übertragen und bearbeitet von Thomas Brasch. it 1341

Iwan Turgenjew: Ein Adelsnest. Aus dem Russischen übertragen von Herbert Worte. it 1809

– Erste Liebe und andere Novellen. Aus dem Russischen von Ena von Baer und Ekkehard Jäkel. Mit einem Nachwort von Friedrich Schwarz. it 257 und Großdruck. it 2324

– Väter und Söhne. it 64

Der versiegelte Engel. Erzählungen zu Ikonen. Mit farbigen Abbildungen. Ausgewählt und mit einem Nachwort versehen von Angela Martini-Wonde. it 1132

154/3/12.96

Englische und amerikanische Literatur im insel taschenbuch

Elizabeth von Arnim: Alle meine Hunde. Aus dem Englischen von Karin von Schab. it 1502
– April, May und June. Aus dem Englischen von Angelika Beck. Mit einem Nachwort von Kirsten Jüngling und Brigitte Roßbeck. it 1722
– Elizabeth und ihr Garten. Aus dem Englischen von Adelheid Dormagen. it 1293 und Großdruck. it 2338
– Der Garten der Kindheit. Aus dem Englischen übersetzt von Leonore Schwartz. Großdruck. it 2361
– In ein fernes Land. Roman. Aus dem Englischen von Angelika Beck. it 1927
– Jasminhof. Roman. Aus dem Englischen von Helga Herborth. it 1677
– Liebe. Roman. Aus dem Englischen von Angelika Beck. Deutsche Erstausgabe. it 1591
– Die Reisegesellschaft. Roman. Aus dem Englischen von Angelika Beck. it 1763
– Sallys Glück. Roman. Aus dem Englischen von Schamma Schahadat. it 1764
– Vater. Roman. Aus dem Englischen von Anna Marie von Welck. Neuübersetzung. it 1544
– Vera. Roman. Aus dem Englischen von Angelika Beck. it 1808
– Verzauberter April. Roman. Aus dem Englischen von Adelheid Dormagen. Mit Fotos aus dem gleichnamigen Film. it 1538
– Verzauberter April. Roman. Aus dem Englischen von Adelheid Dormagen. Großdruck. it 2346

Jane Austen: Die Abtei von Northanger. Aus dem Englischen von Margarete Rauchenberger. Mit Illustrationen von Hugh Thomson. it 931
– Anne Elliot. Aus dem Englischen von Margarete Rauchenberger. Mit Illustrationen von Hugh Thomson. it 1062
– Emma. Aus dem Englischen von Charlotte Gräfin von Klinckowstroem. Mit Illustrationen von Hugh Thomson. it 511
– Die großen Romane. Mit den Illustrationen von Hugh Thomson. Sieben Bände in Kassette. it 511, it 787, it 931, it 1062, it 1192, it 1503 und it 1615
– Lady Susan. Ein Roman in Briefen. Aus dem Englischen von Angelika Beck. Mit zwei Romanfragmenten: Die Watsons. Sanditon. Aus dem Englischen von Elizabeth Gilbert. it 1192
– Mansfield Park. Aus dem Englischen von Angelika Beck. Mit Illustrationen von Hugh Thomson. it 1503
– Stolz und Vorurteil. Aus dem Englischen von Margarete Rauchenberger. Mit Illustrationen von Hugh Thomson und mit einem Essay von Norbert Kohl. it 787

153/1/12.96

Englische und amerikanische Literatur im insel taschenbuch

Jane Austen: Verstand und Gefühl. Roman. Aus dem Englischen von Angelika Beck. Mit Illustrationen von Hugh Thomson. it 1615

Francis Bacon: Essays. Herausgegeben und mit einem Nachwort versehen von Helmut Winter. it 1514

Harriet Beecher-Stowe: Onkel Toms Hütte. In der Bearbeitung einer alten Übersetzung. Herausgegeben und mit einem Nachwort versehen von Wieland Herzfelde. Mit 27 Holzschnitten von George Cruikshank aus der englischen Ausgabe von 1852. it 272

Ambrose Bierce: Aus dem Wörterbuch des Teufels. Auswahl, Übersetzung und Nachwort von Dieter E. Zimmer. it 440

– Mein Lieblingsmord. Erzählungen. Mit einem Nachwort von Edouard Roditi. Aus dem Amerikanischen von Gisela Günther. it 39

Anne Brontë: Agnes Grey. Aus dem Englischen von Elisabeth von Arx. it 1093

– Die Herrin von Wildfell Hall. Roman. Aus dem Englischen neu übersetzt von Angelika Beck. it 1547

Charlotte Brontë: Jane Eyre. Eine Autobiographie. Aus dem Englischen von Helmut Kossodo. Mit einem Essay und einer Bibliographie herausgegeben von Norbert Kohl. it 813

– Der Professor. Aus dem Englischen von Gottfried Röckelein. it 1354

– Shirley. Aus dem Englischen von Johannes Reiher und Horst Wolf. it 1145

– Über die Liebe. Herausgegeben von Elsemarie Maletzke. Übertragen von Eva Groepler und Hans J. Schütz. it 1249

– Villette. Roman. Aus dem Englischen von Christiane Agricola. it 1447

Emily Brontë: Die Sturmhöhe. Aus dem Englischen von Grete Rambach. it 141 und Großdruck. it 2348

Edward George Bulwer-Lytton: Die letzten Tage von Pompeji. Aus dem Englischen von Friedrich Notter. it 801

Lewis Carroll: Alice hinter den Spiegeln. Mit einundfünfzig Illustrationen von John Tenniel. Übersetzt von Christian Enzensberger. it 97

– Alice im Wunderland. Mit zweiundvierzig Illustrationen von John Tenniel. Übersetzt und mit einem Nachwort von Christian Enzensberger. it 42

– Briefe an kleine Mädchen. Aus dem Englischen übersetzt und herausgegeben von Klaus Reichert. Mit Fotografien des Autors. it 1554

Geoffrey Chaucer: Die Canterbury-Erzählungen. Vollständige Ausgabe. Aus dem Englischen übertragen und herausgegeben von Martin Lehnert. Mit Illustrationen von Edward Burne-Jones. it 1006

153/2/12.96

Englische und amerikanische Literatur im insel taschenbuch

Gilbert Keith Chesterton: Alle Pater-Brown-Geschichten. 2 Bände in Kassette. it 1263/1149

– Die schönsten Pater-Brown-Geschichten. it 2332

Joseph Conrad: Herz der Finsternis. Erzählung. Aus dem Englischen von Reinhold Batberger. it 1730

James Fenimore Cooper: Der letzte Mohikaner. Vollständige Ausgabe. Mit Illustrationen von O. C. Darley und einer Nachbemerkung von Peter Härtling. it 1773

Daniel Defoe: Glück und Unglück der berühmten Moll Flanders, die, im Zuchthaus Newgate geboren, nach vollendeter Kindheit noch sechzig wertvolle Jahre durchlebte, zwölf Jahre Dirne war, fünfmal heiratete, darunter ihren Bruder, zwölf Jahre lang stahl, acht Jahre deportierte Verbrecherin in Virginien war, schließlich reich wurde, ehrbar lebte und reuig verstarb. Beschrieben nach ihren eigenen Erinnerungen. Deutsch von Martha Erler. Mit Illustrationen von William Hogarth und einem Essay von Norbert Kohl. it 707

– Robinson Crusoe. Mit Illustrationen von Ludwig Richter. In der Übersetzung von Hannelore Novak. it 41

Charles Dickens: Bleak House. Aus dem Englischen von Richard Zoozmann. Mit Illustrationen von Phiz. it 1110

– David Copperfield. Mit Illustrationen von Phiz. it 468

– Eine Geschichte aus zwei Städten. Mit Illustrationen von Phiz. it 1033

– Große Erwartungen. Aus dem Englischen von Margit Meyer. Mit Illustrationen von F. W. Pailthorpe. it 667

– Harte Zeiten. Aus dem Englischen von Paul Heichen. Mit Illustrationen von F. Walker und Maurice Greiffenhagen. it 955

– Nikolaus Nickleby. Mit Illustrationen von Phiz. it 1304

– Oliver Twist. Aus dem Englischen von Reinhard Kilbel. Mit einem Nachwort von Rudolf Marx und 24 Illustrationen von George Cruikshank. it 242

– Die Pickwickier. Mit Illustrationen von Robert Seymour, Robert William Buss und Phiz. it 896

– Weihnachtserzählungen. Mit Illustrationen von Leech, Stanfiels, Stone u. a. it 358

Henry Fielding: Tom Jones. Die Geschichte eines Findelkindes. 2 Bde. Mit Illustrationen von Gravelot und Moreau le jeune. Herausgegeben und mit einem Nachwort von Norbert Kohl. it 504

Penelope Fitzgerald: Frühlingsanfang. Roman. Aus dem Englischen von Christa Krüger. it 1693

153/3/12.96

Englische und amerikanische Literatur im insel taschenbuch

James Joyce: Die Katze und der Teufel. Deutsche Übertragung von Fritz Senn. Farbig illustriert von Roger Blachon. Mit einem Vorwort von Stephen J. Joyce. it 1610

D. H. Lawrence: Liebesgeschichten. Aus dem Englischen von Heide Steiner. it 1678

Edward Lears kompletter Nonsens. Limericks, Lieder, Balladen und Geschichten. Ins Deutsche geschmuggelt von Hans Magnus Enzensberger. Mit Illustrationen von Edward Lear. it 1119

Matthew Gregory Lewis: Der Mönch. Aus dem Englischen von Friedrich Polakovics. Mit einem Essay und einer Bibliographie von Norbert Kohl. it 907

Lord Byron. Ein Lesebuch mit Texten, Bildern und Dokumenten. Herausgegeben von Gert Ueding. it 1051

Katherine Mansfield: Das Gartenfest und andere Erzählungen. Aus dem Englischen von Heide Steiner. it 1724

– Über die Liebe. Herausgegeben von Ida Schöffling. it 1703

Herman Melville: Moby Dick. 2 Bde. Aus dem Amerikanischen von Alice und Hans Seiffert. Mit Zeichnungen von Rockwell Kent und einem Nachwort von Rudolf Sühnel. it 233

James Morier: Die Abenteuer des Hadji Baba. Ein orientalischer Abenteuerroman. Herausgegeben von Hermann Rosenau. it 1731

Samuel Pepys: Das geheime Tagebuch. Herausgegeben von Anselm Schlösser und übertragen von Jutta Schlösser. Mit Abbildungen. it 637

Edgar Allan Poe: Sämtliche Erzählungen in vier Bänden. In Kassette. Herausgegeben von Günter Gensch. (Die Bände sind auch einzeln erhältlich)

– Band 1: Der Teufel im Glockenturm und andere Erzählungen. Aus dem Amerikanischen von Barbara Cramer-Nauhaus und Erika Gröger. it 1528

– Band 2: Die Morde in der Rue Morgue und andere Erzählungen. Aus dem Amerikanischen von Barbara Cramer-Nauhaus, Erika Gröger und Heide Steiner. it 1529

– Band 3: Streitgespräch mit einer Mumie und andere Erzählungen. Aus dem Amerikanischen von Heide Steiner. it 1530

– Band 4: Das Tagebuch des Julius Rodman und andere Erzählungen. Aus dem Amerikanischen von Erika Gröger u.a. it 1531 (nicht einzeln)

Edgar Allan Poe: Der Bericht des A. Gordon Pym. Erzählungen. Übertragen von Barbara Cramer-Nauhaus, Erika Gröger und Heide Steiner. it 1449

153/4/12.96

Englische und amerikanische Literatur im insel taschenbuch

Edgar Allan Poe: Das Geheimnis der Marie Rogêt und andere Erzählungen. Aus dem Amerikanischen von Werner Beyer, Felix Friedrich und anderen. it 783

– Grube und Pendel. Und andere Erzählungen. Mit einem Nachwort von Franz Rottensteiner und Illustrationen von Harry Clarke. Aus dem Amerikanischen von Günther Steinig. ›Grube und Pendel‹ wurde von Elisabeth Seidel übersetzt. it 362

– Grube und Pendel. Schaurige Erzählungen. Aus dem Amerikanischen von Erika Gröger. Großdruck. it 2351

– Der Untergang des Hauses Usher. Meistererzählungen. Aus dem Amerikanischen von Barbara Cramer-Nauhaus, Erika Gröger und Heide Steiner. it 1373

Gwen Raverat: Eine Kindheit in Cambridge. Roman. Aus dem Englischen übertragen von Leonore Schwartz. it 1592

Walter Scott: Ivanhoe. Roman. Deutsch von Leonhard Tafel. Textrevision und Nachwort von Paul Ernst. it 751

Charles Sealsfield: Das Kajütenbuch oder Nationale Charakteristiken. Herausgegeben von Alexander Ritter. it 1163

William Shakespeare: Hamlet. Prinz von Dänemark. Aus dem Englischen von August Wilhelm von Schlegel. Durchgesehen von Levin L. Schücking. Mit Illustrationen von Eugène Delacroix. Herausgegeben und mit einem Essay versehen von Norbert Kohl. it 364

– Romeo und Julia. Aus dem Englischen von Thomas Brasch. it 1383

– Die Tragödie des Macbeth. Aus dem Englischen von Thomas Brasch. it 1440

– Was ihr wollt. Aus dem Englischen von Thomas Brasch. it 1205

– Wie es euch gefällt. Übersetzt und bearbeitet von Thomas Brasch. it 1509

Mary W. Shelley: Frankenstein oder Der moderne Prometheus. Aus dem Englischen von Karl Bruno Leder und Gerd Leetz. Mit Fotos aus *Frankenstein*-Filmen und einem Essay und einer Bibliographie von Norbert Kohl. it 1030

Laurence Sterne: Leben und Meinungen von Tristram Shandy Gentleman. In der Übersetzung von Adolf Friedrich Seubert. Durchgesehen und revidiert von Hans J. Schütz. Mit einem Essay und einer Bibliographie von Norbert Kohl. Illustrationen von George Cruikshank. it 621

Robert Louis Stevenson: Die Schatzinsel. Aus dem Englischen von Karl Lerbs. Mit Illustrationen von Georges Roux. it 65

153/5/12.96

Englische und amerikanische Literatur
im insel taschenbuch

Robert Louis Stevenson / Lloyd Osbourne: Die falsche Kiste. Roman. Aus dem Englischen von Annemarie und Roland U. Pestalozzi. Mit einem Nachwort von Norbert Miller. it 1605

Bram Stoker: Dracula. Aus dem Englischen von Karl Bruno Leder. it 1086

– Im Haus des Grafen Dracula. Erzählungen. Aus dem Englischen von Burkhart Kroeber, Michael Krüger, Norbert Miller, Friedrich Polakovics und Wilfried Sczepan. it 1522

Jonathan Swift: Betrachtungen über einen Besenstiel. Ein Lesebuch zum 250. Todestag. Mit einem Essay von Martin Walser. Zusammengestellt von Norbert Kohl. it 1767

– Gullivers Reisen. Mit Illustrationen von Grandville und einem Vorwort von Hermann Hesse. Aus dem Englischen übersetzt von Franz Kottenkamp. Vervollständigt und bearbeitet von Roland Arnold. it 58

William Makepeace Thackeray: Jahrmarkt der Eitelkeit. Ein Roman ohne Held. 2 Bde. Mit Illustrationen von Thackeray. Herausgegeben und mit einem Nachwort von Norbert Kohl. Dem deutschen Text wurde eine Übertragung aus dem Nachlaß von H. Röhl zugrunde gelegt. it 485

Mark Twain: Mark Twains Abenteuer. Herausgegeben von Norbert Kohl. it 1891-1895

– Tom Sawyers Abenteuer. Aus dem Englischen von Karl Heinz Berger. it 1891

– Huckleberry Finns Abenteuer. Aus dem Englischen von Barbara Cramer-Nauhaus. it 1892

– Ein Yankee am Hofe des Königs Artus. Aus dem Englischen von Maja Ueberle. it 1893

– Die Arglosen im Ausland. Aus dem Englischen von Ana Maria Brock. it 1894

– Bummel durch Europa. Aus dem Englischen von Gustav Adolf Himmel. it 1895

– Reisen ums Mittelmeer. Vergnügliche Geschichten. Ausgewählt von Norbert Kohl. it 1799

H. G. Wells: Mr. Polly steigt aus. Roman. Aus dem Englischen von Günther Blaicher. it 1780

– Wie wird man Millionär? Aus dem Englischen von Johann Wagner. it 1716

153/6/12.96

Englische und amerikanische Literatur im insel taschenbuch

Oscar Wilde: Gesammelte Werke in zehn Bänden. Herausgegeben von Norbert Kohl. it 582
- Band 1: Das Bildnis des Dorian Gray
- Band 2: Märchen und Erzählungen
- Band 3: Theaterstücke I
- Band 4: Theaterstücke II
- Band 5: Gedichte
- Band 6: Essays I
- Band 7: Essays II
- Band 8: Briefe I
- Band 9: Briefe II
- Band 10: Briefe III

- Aphorismen. Herausgegeben von Frank Thissen. it 1020
- Das Bildnis des Dorian Gray. Deutsch von Hedwig Lachmann und Gustav Landauer. Mit einem Essay, einer Auswahlbibliographie und einer Zeittafel herausgegeben von Norbert Kohl. it 843
- Die Erzählungen und Märchen. Mit Illustrationen von Heinrich Vogeler. Aus dem Englischen übersetzt von Felix Paul Greve und Franz Blei. it 5
- Gedichte. Herausgegeben von Norbert Kohl. it 1455
- Das Gespenst von Canterville. Erzählung. Mit Illustrationen von Oski. Aus dem Englischen von Franz Blei. it 344
- Der glückliche Prinz und andere Märchen. Aus dem Englischen von Franz Blei. Mit Illustrationen von Michael Schroeder und einem Nachwort von Norbert Kohl. it 1256
- Lord Arthur Saviles Verbrechen und andere Geschichten. Mit Illustrationen von Michael Schroeder. Aus dem Englischen von Christine Hoeppner it 1151
- Salome. Dramen, Schriften, Aphorismen und ›Die Ballade vom Zuchthaus zu Reading‹. Mit Illustrationen von Marcus Behmer. it 107
- Die schönsten Märchen. Großdruck. it 2355

153/7/12.96

ENQUÊTES & SUSPENSE

Aux Éditions Alain Bargain

Dans la collection

ENQUÊTES ET SUSPENSE® :

- Pâté de Corbeau aux amandes amères - Le calisson jusqu'à la lie - Farz aux herbes à Portsall	*Christophe Chaplais*
- Meurtres à Monnaie	*Philippe-Michel Dillies*
- La neige venait de l'Ouest - Les Disparues de Quimperlé - La Belle Scaëroise - Étape à Plouay	*Firmin Le Bourhis*
- Le fils du Tigre - Les Graffeurs du Ponant	*Luc Calvez*
- La filière d'Arradon - La petite dame de Locminé - Ratissage dans le golfe - L'Écluse de Malestroit	*Chaix d'Est-Ange*
- Colin-maillard à Ouessant - La Lame du Tarot - Le faucheur du Menez-Hom - L'oiseau noir de Plogonnec - Blues Bigouden *à l'Île-Chevalier*	*Françoise Le Mer*
- La secte de l'Aven - Sables mouvants à Bénodet	*Serge Le Gall*
- Samba ni loi en pays nantais - Poulets de Brest *La mauvaise farce*	*Philippe Lepeuple*
- La Java des voyous - Les castrats de Bombay - Requiem sur le campus - Le bouillon de minuit - La farine du Diable - La Vénus de Malifeu	*Michel Renouard*
- Le Crabe - Mortel Hiver sur le Trieux - Chasse à corps à Bréhat - Larmes de fond ou le retour du crabe	*Michèle Corfdir*
- Qui voit Groix voit sa croix - Qui voit Sein voit sa fin - Qui voit Ouessant voit son sang - Qui voit Belle-Ile voit son île - Qui voit Molène voit sa peine - Toulouse au bout du siècle - Traque à Hoëdic	*Jean-Christophe Pinpin*
- Une retraite pas très spirituelle	*Yves Horeau*

Aux Editions Alain Bargain

Dans la collection
ENQUÊTES ET SUSPENSE :

- Les Démons du Midi	*Cédric Labb*
- Matin rouge au Guilvinec - Soirées noires à Penmarc'h - Double vie à Loctudy	*Jean-Pierre Le Marc*
- Dernier rendez-vous à Vannes - Du Léman au Morbihan - Tempête à Quiberon	*Gisèle Guillo*
- L'Occise des Landes - L'Évadée de Brennilis - Le Mort de Brest-Les Abers	*Jacques Caouder*
- Le Kabyle de l'Ouest - Les Forces du mal	*Bernard Gouritin*
- Filouteries en Côtes-d'Armor - La Phalange de l'Argoat - Breizh Connection	*Bruno Ségalotti*
- Frissons en Morbihan	*Marie-Françoise Marchal*
- Anévrisme - Chef-d'œuvre meurtrier à Lorient - L'affaire Callac	*Jérôme Lucereau*
- Banc public - Merlin l'exécuteur	*Bernard Fischbach*
- Secret mortel	*Philippe Randa*
- Stress - Le faiseur d'anges	*André Grall*
- Bréhat-culpa	*Jean-Luc Le Pache*
- Baston chez les voileux	*René Le Clech*

Dans la collection **POL'ART :**

- Sombre dessein à Pont-Aven - Meurtres du côté de chez Proust	*Serge Le Gall*
- Nature morte à Giverny - Séquence fatale à Dinard - Sanguine sur la Butte	*Renée Bonneau*
- Le râle du basson	*Loïc Gourvennec*
- Monsieur Butterfly	*Yves Horeau*
- Toiles de fond à Concarneau	*Stéphane Jaffrézic*